検索スキルをみがく

第 2 版

検索技術者検定 3 級 公式テキスト

一般社団法人 情報科学技術協会
［監修］

原田　智子
［編著］

吉井　隆明
森　美由紀
［著］

樹村房

監修者の言葉

　一般社団法人 情報科学技術協会（INFOSTA）では，1985 年以来，一貫して検索技能に関する検定（現在は「検索技術者検定」という名称）を，重要な事業として行ってきた。そのため，本書は，当初，検定試験のためのテキストないしは参考書として企画された。

　しかしながら，私たちの間では，「検索」というもはや日常的になった技能や営為について，基礎的な知識や高度なノウハウをまとめて提示することが必要なことも，痛感されていた。本書の内容は，商用データベースについての検索手法や考え方が中心であるが，ここに示された知識や考え方は，ネット上のさまざまな情報資源を探索する際にも，有効なものであると考えられる。

　その根底にあるのは，「検索」というのは気まぐれの入力行為ではなくて，計算された確固たる情報探索の手法のもとに，行われなければならないということである。そうでなければ，私たちは，インターネット上の情報の大海原で，位置や方向を見失い，ただ，情報の大海を漂流する小舟にも比すべき存在に陥ってしまうのではないだろうか。

　今回は，各分野の情報内容や検索手法に関して知識や経験が豊富な方々に，編集・執筆をお願いした。編著者各位は，多忙な中で熱心に作業にあたっていただき，その結果として，データベースを中心とした検索に関わる，現時点における実務的な知識の集大成ができたものと考えている。

　こうした内容を世の中に幅広く訴えることを目的として，理事会の議を経て，株式会社樹村房に出版をお願いすることとした。ぜひ，本書によって，情報検索について勉強していただきたい。そのうえで，「検索技術者検定」を受験されるなり，自らの「検索力」「調査力」を磨くなりされて，高度情報社会において，より豊かで実り多い生活や仕事，そして学習や研究をしていただけるよう期待します。

　　2018 年 8 月

一般社団法人 情報科学技術協会

会長　山﨑　久道

第 2 版の序

　現代は情報通信技術（ICT）社会といわれるように，パソコンやスマートフォンさえあれば，何か知りたい情報をすぐにインターネットで探す（＝検索する）時代になっています。「検索」が日常的に身近になっている一方で，フェイクニュースに惑わされたりしないように，正しい情報や信頼できる情報かどうかを見極める力も必要になってきています。また，一言で情報を探すといっても，美術館の住所を知りたいという簡単な内容から，学術研究あるいは企業戦略に必要な文献検索や，ある特許に関する先行情報を調べたいというような高度な検索まで，情報要求のレベルや内容は多種多様です。こうしたさまざまな検索の方法や考え方について学ぶことは，現代社会を生き抜くために必須のスキルになっているといっても過言ではありません。

　本書は，一般社団法人 情報科学技術協会（INFOSTA）が実施する検索技術者検定（略称：検索検定）の 3 級の受験を目指す方々のためのテキストとして企画・編集したものです。初版を 2018 年 10 月に刊行し，まだ 2 年経ちませんが，この間に，著作権法の改正やネットワーク情報資源の変更等があり，この度第 2 版を刊行することになりました。ただ，情報資源やサービスの変更は今後も頻繁に発生すると思われます。読者の皆様も，本書を参考にしながら，常に新しい情報を確認するようにしていただければと思います。

　検索技術者検定の詳細は付録に述べたとおりですが，2020 年度から 3 級の試験は，会場型 CBT（Computer Based Testing）方式に変更されます。CBT 方式とは，検定試験の出題と解答すべてを紙面ではなく，パソコン上で行うものです。受験は全国 47 都道府県の約 200 会場で可能になります。ご自分の都合に合わせて期間内に受験していただくことができます。

　検索技術者検定は 1985 年に始まった伝統ある試験で，3 級，2 級，1 級と 3 段階のレベルに分けて実施されています。3 級は一般社会人，大学生，専門学校生，図書館員を対象に，検索に興味のある方であれば誰でも受験できる内容になっています。3 級に合格したら，是非 2 級，1 級を目指していただければと思います。

　本書の章立ては付録に掲載した試験範囲に対応して 5 章で構成されています。この版では，新たに各章の冒頭に，その章で学習する内容を「学習のポイント」として示しています。1 章では情報検索に関する基本的な知識や理論について解説しています。検索がどのような仕組みでなされているのか，自分の欲しい情報を得るための考え方および得られた検索結果の評価の仕方を，学習することができます。2 章では情報および情報資源の種類，情報資源の組織化，データベース等について述べています。はじめにデータ，情報，知識の体系を整理し，次に情報資源の種類を詳しく紹介しています。そして情報資源を検索できるように組織化する方法およびデータベースの定義や種類についても解説しています。

さらに情報サービス機関や情報専門家（インフォプロ）についても解説しています。3章では検索エンジンの特徴と検索の仕組み，知っていると便利なネットワーク情報資源を紹介しています。検索エンジンによる検索では検索できない情報資源が多く存在することを知ることができるでしょう。4章では知的財産権の種類やその内容について具体的に紹介しています。現代社会では，情報や情報資源を扱う人々にとって，知的財産権の知識はとくに重要です。知的財産権の中でも，情報を扱う上で重要な著作権については詳しく解説し，わが国の著作権法の重要な条文との関係を丁寧に説明しています。5章では検索に欠かせないネットワーク社会の問題，コンピュータに関する基礎知識，情報セキュリティの知識について解説しています。情報セキュリティについての正しい知識を学習することによって，情報や情報資源を安全に扱うことができるようになるでしょう。最後に，情報検索について初めて体系的に学習する方のために，本文中に出てくる基本的な専門用語を取り出し，それらの用語解説を掲載しました。本書を学習する際の手助けとなると思われますので，活用していただければと思います。

先にも述べましたように，本書の内容は，執筆時における最新情報を確認して収録しておりますが，とくに情報資源や法令等に関しては今後，時代の動きに合わせて変更も生じる可能性があります。本書の内容を実際に検索しながら学習することで，補完していただければと思います。

本書は検索技術者検定の公式テキストとして作成されていますが，大学の授業用教科書あるいは情報検索の入門セミナー用テキストとしても利用していただけます。さらには，より効果的な検索をしたいと考えている一般の方々が自学自習するためにも，活用していただける内容になっています。検索の基本的知識を本書で確認し，読者の方々の「検索スキルをみがく」ことにつながることを願っています。

さらに検索について深く学びたい方のためには，『プロの検索テクニック 第2版：検索技術者検定2級 公式推奨参考書』（近刊）もご活用いただければと思います。

最後に，本書の出版にあたり，樹村房社長の大塚栄一様と編集部の石村早紀様には，ひとかたならずお世話になりました。厚くお礼申し上げます。

2020年4月

編集責任者　原田　智子

検索スキルをみがく 第2版
もくじ

【本書の執筆分担】（執筆順）

1章　原田智子

2章　森美由紀, 原田智子

3章　原田智子

4章　吉井隆明

5章　吉井隆明

1章

情報検索

〈1章　学習のポイント〉

　情報検索の基本理論である論理演算（論理積，論理和，論理差），近接演算，トランケーション（前方一致検索，後方一致検索，中間一致検索，中間任意検索），完全一致検索について学習し，検索したいテーマに対する検索式を作成できるようにする。次に，検索者が検索語や検索式を入力したとき，データベース内で行われている検索の仕組み（索引ファイル，形態素解析，N グラム法，類似文書検索）について理解する。情報検索の受け付けから終了までのプロセスを理解し，検索結果の評価方法では，特に再現率と精度に関する考え方を学ぶ。

1.1　情報検索とは

　情報通信技術（information and communication technology：ICT）の発達した今日，情報検索は人々の日常の生活にとって欠かすことができない行為の一つとなっている。1950 年に米国のムーアズ（Calvin N. Mooers）が information retrieval（情報検索）という用語を初めて定義し，1960 年代になって広く使用されるようになった。1960 年代半ばに米国においてコンピュータによる情報検索システムが開発されたが，電話回線を通じてオンライン検索サービスが提供されるようになったのは，1970 年代に入ってからのことである。当時は情報を提供する図書館員が検索を行っており，今日のように一般の人が気軽に検索ができる時代ではなかった。わが国においては，1980 年代からオンライン検索がサーチャー（searcher）によって，業務として行われていた。1995 年以降にインターネットが大衆化し，通信機器の進展や多様化ともあいまって，21 世紀に入って誰でも必要な情報を気軽に探せる環境が整ってきた。

　なお，1980 年代以降，情報検索の専門家をサーチャーと呼んでいたが，2000 年代以降になると単に情報検索を行うだけでなく，得られた情報を分析・加工する業務や通信環境の整備などを含めた，情報専門家としての役割にも重点が置かれるようになってきた。このような情報業務に就く専門家をインフォプロ（information professional：インフォメーションプロフェッショナルの略称）と呼ぶようになっている。

　情報検索は information retrieval（IR）の訳語であり，あらかじめ蓄積された情報集合から，ある特定の条件に合致した情報のみを取り出すことであり，情報の蓄積（storage）

が前提となっている。実際には，検索者が検索したい内容を言葉や記号などで表現して，情報検索システムあるいは検索エンジンなどを使用して，情報が蓄積されているデータベースやウェブページを検索する。現在の情報検索システムでは，写真，意匠，化学構造式などの画像を使用した画像検索ができるようになってきているが，言葉（検索語）を入力して行う検索方法が主流を占めている。そのため，どのような検索語を使用して検索するかが，情報検索におけるカギとなる。

　ウェブページとは，ウェブブラウザで一度に表示できるひとまとまりの情報をいう。そのウェブページを対象とする情報検索では，専門用語，ニュースなどに出てくるような一般用語や俗語など，さまざまな表記による情報が蓄積されている。そのため検索する際には，検索対象とするウェブサイトやウェブページに適した検索語を使用する必要がある。このような検索においては，的確な検索語を使用することが，検索者に任されている点に注意が必要である。文字を中心とした情報検索では，データベース中に入力した検索語と一致する文字列が存在するかどうかという，文字の表記の一致を調べることが基本になっているため，入力した検索語の同義語を検索することはそのままでは難しい。例えば，図書の同義語である本，書籍，書物，ブックなどの言葉はすべて入力する必要がある。このように文字列が一致しているかどうかということが基本になっているウェブページの検索では，同義語や表記のゆれなどを登録した辞書などを介する仕組みを検索システムにもたせないかぎり，意味を考えた概念的な検索を実行することは難しい。Google，Bing，Yahoo! JAPAN では，検索語の入力ミスによる表記の間違いや表記のゆれなどを補完してくれる機能があるが，そのような機能をもたない検索エンジンや情報検索システムもある。

　情報検索の元となる情報要求は，大別すると二種類ある。一つは求める情報が明確である場合である。ある大学の住所が知りたいとか，特定の読みたい図書がこの図書館に所蔵されているかなど，利用者の知りたい情報がはっきりしている場合であり，これを既知情報検索という。もう一つは，漠然とした情報を探している場合で，子どもを対象としたおはなし会で紹介するためのよい絵本はないかとか，環境保全に関する文献を知りたいなど，求める情報がどのくらい存在するかわからないとか，あいまいな情報を探している場合であり，これを未知情報検索という[1]。この未知情報検索では，検索された情報について知ることはできるが，検索漏れを起こした情報については気づきにくいという問題点が潜んでいる。

1：ここでは検索という語を使用したが，一般には既知情報探索，未知情報探索という場合の方が多い。一般に，探索は検索よりも広い概念で用いられる言葉である。探索という場合は，必ずしも蓄積が前提となっているとは限らない。英語の seek（探索する）が使用される言葉に，information seeking behavior（情報探索行動）がある。一方，retrieval とほぼ同義で使用される言葉に search があり，search も検索と訳されることが多い。

1.2　情報検索の理論と仕組み

　コンピュータによる情報検索の基本は，集合と集合の論理演算によって行われる。1–1 図に示したように，AとBという二つの検索語を使用して検索する場合，検索対象として使用するデータベースやウェブページの中を調べ，検索語Aに一致する情報を探して「集合A」が作成される。また別の検索語Bに一致する情報を探して「集合B」が作成される。これらの検索結果である「集合A」と「集合B」の論理積，論理和，論理差という各論理演算を行うことにより，最終的な検索結果が得られる。なお，一つの検索語だけを入力する検索（ワンタームサーチという）は，通常膨大な検索結果になる恐れがあるため，二つ以上の検索語を使用して検索結果を絞り込む方法が一般的に行われている。

1.2.1　論理演算と検索式

　二つ以上の検索語を組み合わせるための論理演算には，論理積（AND 検索），論理和（OR 検索），論理差（NOT 検索）の 3 種類がある。1–1 図は，二つの検索語を使用して検索する場合のベン図（Venn diagram）[2] を示している。多くの情報検索システムにおいて，論理積では AND 演算子を，論理和では OR 演算子を，論理差では NOT 演算子を使用して検索する。検索語と検索語の間に使用して論理演算を実行するこれら 3 種類の演算子を，

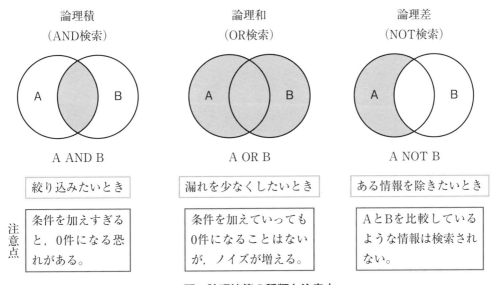

1–1 図　論理演算の種類と注意点

2：ベン図とは，英国の論理学者 John Venn がオイラーの図（Euler diagram）を進展させて，集合の関係をわかりやすくするため，全体集合を長方形で，部分集合を円で表した図のことである。1–1 図では，全体集合を表す長方形を省略した形式で記載している。

論理演算子（logical operator）という。実際に検索する場合，論理演算子は小文字でも大文字でもかまわない場合と，それらを区別する場合がある。使用する情報検索システムの検索マニュアルや検索エンジンのヘルプなどで確認するとよい。入力する際には，検索語と論理演算子の間には，半角スペースが必要である。Google や Bing などの検索エンジンによるウェブ検索や，図書館の OPAC（online public access catalog：オンライン閲覧目録）を検索する場合では，AND 演算子はスペースに置き換えることができる。すなわち，AND 演算子を省略することができる。そして，二つ以上の検索語とこれらの論理演算子を組み合わせて作成した式を検索式という。

(1) 論理積

　A という検索語を含む情報の集合と B という検索語を含む情報の集合の両方を含む部分を検索することを，論理積あるいは AND 検索という。例えば，「図書館における情報サービス」というテーマを検索したい場合，検索語 A として「図書館」を，検索語 B として「情報サービス」と考えれば，「図書館　AND　情報サービス」という検索式を入力することになる。その結果，1-1 図の灰色部分が，二つの検索語が共存する積集合（円が交わっている部分）として得られる。論理積は，条件を加えて検索結果を絞り込みたいときに行う。ただし，「A AND B AND C AND D AND E」というように，検索語 C，検索語 D，検索語 E を加えていくと，A から E のすべての検索語が共存する条件に合致する情報が存在せず，検索結果が 0 件になる場合もある。

(2) 論理和

　A という検索語を含む情報の集合と B という検索語を含む情報の集合のいずれか一方の検索語を含む情報の集合部分と，A と B の両方の検索語を含む情報の集合部分すべてを検索することを論理和あるいは OR 検索という。論理和には，論理積の結果が含まれることに注意が必要である。例えば，「図書」に関する情報を漏れなく検索したい場合，「図書」という検索語のほかに「本」「書物」「書籍」などの同義語を，OR 演算子を使用して「図書 OR 本 OR 書物 OR 書籍」と入力すると，これらの検索語を含む情報の集合を漏れなく検索することができる。このように同義語をいろいろと入力することにより，検索漏れを少なくしたい場合に論理和を行うとよい。

　また，「図書館と博物館における展示」というようなテーマでは，「(図書館 OR 博物館) AND 展示」と入力することで，欲しい情報を得ることができる。この場合，「図書館と博物館」と表現されているが，「と」と書かれているから AND 演算子を使用するということではなく，検索テーマの意味をよく理解することが重要である。この場合はテーマの意味から，図書館と博物館の間には OR 演算子を使用することが適切である。

　AND 演算子と OR 演算子が同時に一つの検索式に存在する場合は，通常 AND 演算子が

優先される。そのため，OR 演算子を先に処理したい場合は，先に処理したい論理演算の方を丸カッコ（　）で囲む必要がある。算数における足し算と掛け算の演算処理と同じである。ただし，検索エンジンによる検索の場合はこの限りではない。検索式は数式と同様に，左から右へと処理することが基本であるため，検索エンジンでは OR 演算子が AND 演算子よりも左側にあると OR 演算子から先に処理される。一方，商用情報検索システム[3]では，論理演算子の演算処理の優先順位は情報検索システムごとに決められている。AND 演算子と OR 演算子が一つの検索式に同時に存在する場合は，通常どの情報検索システムでも，丸カッコ（　）を使用していなければ，AND 演算子がどこにあっても先に処理される。OR 演算子は，AND 演算子と次に説明する NOT 演算子と比べて，演算処理の優先順位が最も低い。

（3）論理差

　A という検索語を含む情報の集合から B という検索語を含む情報の集合部分を除いた部分を検索することを，論理差あるいは NOT 検索という。したがって，この検索では A と B の両方の検索語を含む情報は削除される。例えば，「鈴木一郎が書いた論文から山田次郎との共著を除いた論文が欲しい」という検索テーマでは，「鈴木一郎 NOT 山田次郎」と入力する。この検索式で検索すると，鈴木一郎が書いた論文だけが検索され，鈴木一郎の書いた論文の中から山田次郎との共著の論文は除かれる。

　論理差を行う場合は，入力した検索語の両方を含む集合部分が除かれるため，上記のような著者名検索ではなくキーワード検索を行う場合は，入力した二つの検索語を比較検討しているような情報が検索されなくなるので注意する必要がある。例えば，「犬 NOT 猫」という検索式で検索すると，犬だけについての情報が検索され，犬と猫について両方扱った情報は検索されない。すなわち，犬と猫の共通点や違いが述べられているような情報が除かれる。なお，商用情報検索システムでは，通常 NOT 演算子は OR 演算子より先に処理されるが，AND 演算子との関係はシステムにより異なる場合が多い。そのため，使用する商用情報検索システムの検索マニュアルやヘルプで必ず確認することが重要である。

　上述した 3 種類の論理演算を使用した検索は，検索エンジンでも行うことができる。検索ボックスが一つの場合は，そこに複数の検索語を半角スペースで区切って入力したり，OR 演算子や NOT 演算子を使用したりして検索する。Google で NOT 演算を行う場合は，

3：商用情報検索システムとは，商売として有料でサービスする情報検索システムのことをいう。利用したい場合は，契約が必要となる。契約が完了すると利用者 ID とパスワードが発行される。例えば，JDreamⅢ，G-Search，日経テレコン，Dialog，STN などが，わが国で長期にわたって利用されてきた主な商用情報検索システムである。その詳細は，3 章の 3-1 表から 3-5 表で述べている。

1-2図　Googleの検索オプション画面

1-3図　Yahoo! JAPANの条件指定画面

−（半角ハイフン）記号を除きたい検索語の前にスペースを空けずに直接付けて使用する。また，Googleの検索オプション画面（1-2図）やYahoo! JAPANの条件指定画面（1-3図）では，論理演算を実行する検索ボックスがあらかじめ用意されているので，論理演算子を使用しなくても論理演算が実行できる。Googleの検索オプションは，Googleのトップページの右下の設定の中のメニューから，「検索オプション」をクリックすることで1-2図に示した検索オプション画面を表示させることができる。

(4) 近接演算

1-1 図に示したように論理演算は 3 種類あるが，論理積（AND 検索）ではノイズ（テーマに合致しない不要情報のことで，検索ノイズともいう）を検索してしまう場合がある。その理由としては，同一レコード[4]内や同一ウェブページのどこかに入力した検索語があれば，ヒット（条件に合致した情報）とみなされるからである。そのノイズ情報を減らす方法として，AND 演算子の代わりに近接演算子を使用して，ノイズを少なくする検索方法がある。近接演算は複数の検索語の位置関係を指定することにより，論理積（AND 検索）よりもさらに精度の高い検索条件を指定することができる。

1-1 表には JDream Ⅲ（3 章の 3-1 表を参照）で使用できる近接演算子の種類を示している。海外の情報検索システムである STN（3 章の 3-5 表を参照）でも，JDream Ⅲ と同じ記号で近接演算が行える。Dialog（3 章の 3-4 表を参照）では，1-1 表の(A) 以外は JDream Ⅲ と同じ記号で近接演算が行える。このように近接演算子のカッコ内に使用する文字は，情報検索システムにより異なる場合がある。(W)はどのシステムでも共通して使用されているが，(A)は Dialog では(N)として表記する。したがって，近接演算子は情報検索システムに依存しているため，それらの表記や定義を検索マニュアルやヘルプなどで確認する必要がある。なお，W，A，S，L は小文字で入力してもよい。

(W)は最も厳密な演算子で，語順を指定した検索となる。すなわち，入力した語順の熟語（フレーズ）だけを検索する。1-1 表の入力例では，information(W)system と入力すると information system だけが検索される。

(A)は information と system が隣り合わせにあれば二つの検索語の順序は問わない検索を行う。すなわち，information(A)system と入力すると information system と system information の両方が検索される。このように，(A)の検索結果には，(W)の検索結果が含まれる。

(S)は information と system が隣接でもよいし，語順が入力順でなくてもよく，同一文

1-1 表　JDream Ⅲ における近接演算子の種類と検索式の入力例

演算子	演算子の意味	入力例
(W)	入力した語順に指定して隣接	information(W)system
(A)	語順を問わず隣接	information(A)system
(S)	同一文中	information(S)system
(L)	著者名と所属機関名の組み合わせ	原田智子(L)鶴見大学
	シソーラス用語とサブヘディングの組み合わせ	慢性関節リウマチ(L)薬物療法(DT)

4：新聞記事や雑誌論文を収録する商用データベースは，新聞記事の一つの記事，雑誌論文の一つの論文単位ごとにデータベースの中にそれぞれの情報が蓄積されている。その個々の記事や論文の情報単位をレコードと呼ぶ。すなわち，レコードの集まりがデータベースである。レコードは，著者名や記事や論文のタイトル，新聞紙名，雑誌名などの項目から構成されている。この項目をフィールドと呼ぶ。

中にあれば，離れてこの2語が存在していても検索される。したがって，information (S) system と入力すると，(W)と(A)の検索結果も含まれ，さらに information retrieval system なども検索される。

　(L)は JDream Ⅲ で，著者と所属機関名の組み合わせを限定する場合に使用できる。同姓同名の著者がいる場合，所属機関名を限定することによってノイズを防ぐことができる。しかし，一方で同じ著者が転職をして所属機関が変わった場合は，前所属機関名も入力しないと検索漏れを起こすことになる。このように(L)を利用した著者と所属機関名の組合せ検索では注意が必要な場合がある。(L)は，JDream Ⅲ が提供する国内の医学分野の文献データベースである JMEDPlus ファイルでは，シソーラス用語（メインヘディング）とサブヘディング（副件名）の組み合わせを限定したい場合に使用できる。Dialog では，(L)は米国国立医学図書館（National Library of Medicine：NLM）が作成する医学分野のデータベースである MEDLINE で使用されている MeSH[5] の MeSH 用語とサブヘディング（副件名）の組合せ検索で使用できる。さらに特許データベースにおける発行国，発行日等の組合せ検索にも利用できる。日本語の文章では単語間にスペースが存在しないが，JDream Ⅲ では(W)と(A)の両演算子を日本語で使用することもできる。

　α–セレクターゼは，αセレクターゼのようにハイフンが入らない表記もある。このような場合は，「α(1W)セレクターゼ」と入力することにより，ハイフンの有無に関わらず両方を一度に検索することができる。このように(W)と(A)については，(1W)(2W)(3A)(4A)というように，記号の前に数字を入れることより，間に1語入っていてもよい，間に2語以内の語が入っていてもよい，3語以内，4語以内，というように，二つの検索語の間が指定の文字数以内にあればよいと定義することもできる。

　論理演算子は入力する検索語との間に必ずスペース（半角スペースが望ましい）が必要であるが，近接演算子は2語の検索語の間にスペースを入れずにくっつけて入力する必要がある。

1.2.2　トランケーション

　情報検索では，入力した検索語の文字列に完全に一致する語だけを検索する完全一致検索のほか，入力した検索語の一部分の文字列を含む語を検索することもできる。この検索方法をトランケーション（truncation）という。トランケーションを使用した検索では，検索したい語の一部分を任意文字（記号）に置き換えて，任意文字のところにいろいろな文字を含む検索語として検索できる。そのため，完全一致検索に比べて日本語の熟語や英

5：MeSH（メッシュ）とは，Medical Subject Headings の略称で，米国国立医学図書館（NLM）が作成する MEDLINE や PubMed 等のデータベースで使用されているシソーラスである。NLM では索引作成者（indexers）により，メインヘディングという MeSH 用語とサブヘディング（副件名）との組み合わせによる索引語付与が行われている。

1-4 図　Weblio 英和辞典・和英辞典のドロップダウンリスト

語の語尾変化や英米綴りの違いなどに対応した検索ができる。トランケーションとは，樹木や円錐などの先端を切ること，短縮，長い引用句などを切り縮めるなどの意味があり，情報検索では検索漏れの少ない検索をしたい場合に利用すると有効である。

　例えば，「システム」という文字列を含むすべての語を検索したい場合，システム構築，システム工学，図書館システム，社会システム理論などの言葉をすべて思い浮かべて検索語にすることは難しい。このような場合に，検索したい語の一部分を任意文字（記号）に置き換えるトランケーションを利用すると，まとめてそれらの語を検索できるようになり，効率的な検索ができる。

　語の一部分を任意文字に置き換えるために使用される記号をマスク文字あるいはワイルドカードという。マスク文字には，?，*，!，$，@ などが使用され，どの記号をどのように使用できるかは情報検索システムに依存しており，それぞれ使用上の意味が定義されている。記号は多くの場合，半角で入力する必要がある。

　ウェブ上の辞書検索サイトでは，マスク文字を入力する代わりに，ドロップダウンリスト（プルダウンリストともいう）から選択して入力する機能が設定されている場合が多い。Weblio 英和辞典・和英辞典の画面のドロップダウンリストを，1-4 図に示す。メニューに提示されているそれぞれの意味は，以下に述べるトランケーションのいずれかに該当する。見出し語を対象として，「で始まる」は前方一致検索，「を含む」は中間一致検索，「で終わる」は後方一致検索が実行される。「と一致する」は，見出し語を対象として完全一致検索を実行する。「を解説文に含む」は見出し語ではなく解説文を対象として中間一致検索が実行される。

　トランケーションには，以下に述べる（1）から（4）の4種類がある。そのほか，トラ

ンケーションに関連して，（5）完全一致検索と（6）フレーズ検索についても述べる。

(1) 前方一致検索

　検索語の始まりの文字列を固定して，終わりの文字列をマスク文字に置き換える検索方法である。「?」を0文字以上何文字でもよいと定義した場合，「情報?」と入力すると，情報，情報源，情報検索，情報社会などが検索される。例えば，Weblio[6]やgoo辞書では，検索ボックスに「情報」という検索語を入力して，検索ボックスの下にあるラジオボタン（Weblio国語辞典の場合）あるいは検索ボックスの横にあるドロップダウンリスト（goo辞書の場合）から「で始まる」を選択すると，前方一致検索を実行する。

(2) 後方一致検索

　検索語の終わりの文字列を固定して，始まりの文字列をマスク文字に置き換える検索方法である。「?情報」と入力すると，情報，安全情報，気象情報，特許情報などが検索される。Weblioやgoo辞書では，検索ボックスに「情報」という検索語を入力して，検索ボックスの下にあるラジオボタン（Weblio国語辞典の場合）あるいは検索ボックスの横のドロップダウンリスト（goo辞書の場合）から「で終わる」を選択すると，後方一致検索を実行する。

(3) 中間一致検索

　検索語の両側の文字列をマスク文字に置き換える検索方法である。部分一致検索ともいう。「?情報?」と入力すると，情報，情報システム，安全情報，安全情報システムなどがまとめて検索される。Weblio国語辞典では，検索ボックスに「情報」という検索語を入力して，検索ボックスの下にあるラジオボタンから「を含む」を選択すると，中間一致検索を実行する。「全文検索」も辞書の解説が書かれている本文を対象に中間一致検索を実行する。goo辞書では，「を見出しに含む」および「を説明文に含む」を選択すると，中間一致検索を実行する。中間一致検索の結果には，前方一致検索と後方一致検索の結果も含まれる。

　検索エンジン，OPAC，3章で紹介するネットワーク情報資源の多くのもので，マスク文字を使用しないで検索語を入力すると，自動的に中間一致検索が行われる。その理由は，中間一致検索が一番検索漏れの少ない検索結果が得られるからである。

(4) 中間任意検索

　検索語の中間の文字列をマスク文字に置き換える検索方法である。検索語の始まりと終

6：Weblioは，国語辞典，類語・対義語辞典，英和辞典・和英辞典，など全部で10種類の辞典を無料で提供するインターネット情報資源の一つである。

わりを固定しているため，前後一致検索ともいう。「情報?システム」と入力すると，情報システム，情報検索システム，情報管理システムなどが検索される。英語の事例では，woman と women を検索したい場合，「wom?n」と入力することにより単数形と複数形を一度に検索できる。Google 検索でも「wom*n」と入力することにより，中間任意検索ができる。また，灰色を意味する grey と gray，色を意味する colour と color，免許証を意味する licence と license などのように英米で綴りの異なる語もある。これらを一緒に検索したい場合も同様に，異なる文字あるいは文字列の位置をマスク文字に置き換えて検索すると，一度に両方の検索結果が得られて便利である。

　0 文字以上何文字でもよいとするマスク文字を 1 文字だけ変化する検索に使用すると，ノイズを多く生じさせる恐れがある。「wom?n」の例では，woman と women 以外の単語も検索される可能性がある。したがって，1 文字だけが変化する語を検索したい場合は，0 または 1 文字に置き換えるマスク文字か，1 文字だけに置き換えるマスク文字を使用して検索すると，多数のノイズを防ぐことができる。どのようなマスク文字の記号が使用できるかについては，情報検索システムごとに指定されているため，それぞれの検索マニュアルやヘルプで確認する必要がある。

　Weblio や goo 辞書のような辞書検索サイトでは，ラジオボタンのメニューあるいはドロップダウンリストに中間任意検索を選ぶメニューが用意されていないため，中間任意検索はできない。しかし，海外の辞書検索サイトである OneLook Dictionary Search では，中間任意検索もできるようになっている。

(5) 完全一致検索

　情報検索には，トランケーションによる検索以外に完全一致検索がある。完全一致検索とは，入力した検索語と一致する語だけを検索することである。しかし，情報検索システムによっては，完全一致検索ができない場合がある。Google や Bing などの検索エンジンや OPAC の検索では，基本が中間一致検索であるため，完全一致検索のみに限定することはできない。Weblio や goo 辞書などの辞書検索サイトでは，ラジオボタンのメニューあるいはドロップダウンリストの中から「と一致する」あるいは「で一致する」を選択すると完全一致検索ができる。

(6) フレーズ検索

　入力した二つ以上の検索語の語順を指定した検索ができるのが，フレーズ検索である。フレーズ検索を行うには，Google や 3 章で紹介するネットワーク情報資源の中に，熟語（フレーズ）を " "（ダブルクォーテーション，二重引用符ともいう）で囲んで入力することにより実行できるものがある。Google では，検索オプションの「語順も含め完全一致」という項目に " " を使用しないで入力すると利用できる。検索オプション画面を使

用しない場合は，検索したい熟語を“　”で囲む必要がある。例えば，検索ボックスに“図書館と著作権”と入力すると，検索結果には「図書館と著作権」という文字列のあるウェブページだけが得られ，「著作権と図書館」は含まれない。“library school”と入力すると，検索結果には「library school」（図書館学校という意味）という文字列の結果だけが得られ，「school library」（学校図書館という意味）は含まれない。このように，語順が変わると，全く異なる意味をもつ熟語を区別して検索したい場合に，フレーズ検索は有効である。

1.2.3　検索の仕組み

(1) 索引ファイルを使用した検索

　情報検索では利用者の満足度を上げるために，大量の情報を高速処理して検索者にその結果を 0.2 秒などという瞬時に提示する仕組みが必要となる。いくらよい検索結果を示しても，検索語や検索式を入力してから検索結果を提示するまでに何分もかかっていたのでは実用的ではない。情報検索システムが開発された 1960 年代では，今日と比べるとコンピュータの処理速度は比べ物にならないほど遅かった。そこで考え出された検索方法が，検索用に事前に索引ファイル（インバーテッドファイル：inverted file）を作成しておく方法である。

　1-5 図に示したように，検索者がキーワードや著者名などの検索語を入力すると，初めにデータベース内のインバーテッドファイルを参照する。インバーテッドファイルは，転置ファイル，転置索引ファイル，倒置ファイルなどとも呼ばれる。データベース内ではレコード単位で情報が格納されているが，それらのレコードには識別番号としてユニークなレコード番号が付与されて管理されている。インバーテッドファイルは，レコード番号順ではなく索引語や著者名などのアルファベット順や五十音順などで管理される。なお，索引語とはデータベースに格納された検索対象となる語のことであるが，検索者の立場では検索語といい，データベースを作成する立場では索引語という。そのため，立場によって使用される用語が変わるが同一の語を示している。

　1-5 図に示した例で説明すると，検索者が検索語として「気温」という語で検索すると，インバーテッドファイル内の索引語の「気温」を参照して 4 件という件数を検索画面上に回答し，この検索結果の集合を作成する。次に検索語として「季節風」という語で検索すると同様にインバーテッドファイル内の索引語の「季節風」を参照して 3 件という件数を回答し，同様に検索結果の集合を作成する。検索者が，「気温 AND 季節風」という論理積を行うと，インバーテッドファイル内の索引語の「気温」と「季節風」の中から共通するレコード番号をチェックする。この場合，共通するレコード番号は 3 であるので，検索画面上の検索結果として 1 件と回答表示する。このように，ここまでの作業はすべてインバーテッドファイルのみで検索者への回答を行うことができる。

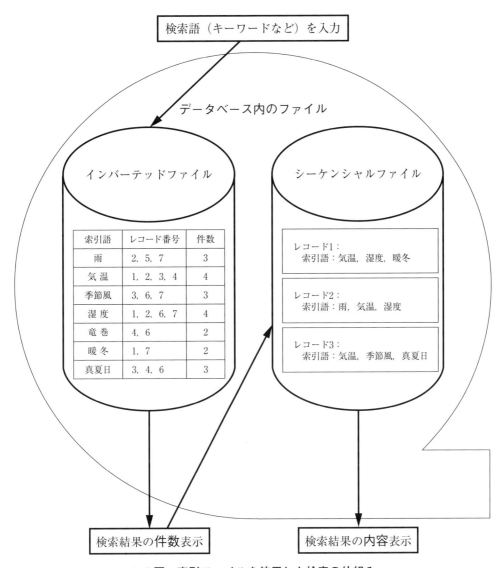

検索語（キーワードなど）を入力

データベース内のファイル

インバーテッドファイル

索引語	レコード番号	件数
雨	2, 5, 7	3
気温	1, 2, 3, 4	4
季節風	3, 6, 7	3
湿度	1, 2, 6, 7	4
竜巻	4, 6	2
暖冬	1, 7	2
真夏日	3, 4, 6	3

シーケンシャルファイル

レコード1：
　索引語：気温，湿度，暖冬

レコード2：
　索引語：雨，気温，湿度

レコード3：
　索引語：気温，季節風，真夏日

検索結果の件数表示

検索結果の内容表示

1-5図　索引ファイルを使用した検索の仕組み

　検索者が得られた検索結果の1件の内容情報を参照したい場合に，シーケンシャルファイルの該当するレコード番号を探しにいく。上記の例ではレコード3を見つけて，その内容情報を画面上に表示する。シーケンシャルファイル（sequential file）は，順編成ファイルなどとも呼ばれ，書誌事項，抄録，キーワードなどのデータベースに収録されている情報を，レコード単位に順次連続的に入力したものである。このファイルは，主に検索結果の内容表示や，一度検索した結果を次に述べるNグラム法などを使用して検索結果をさらに絞り込みたいときに利用される。

　コンピュータによる情報検索の歴史とともに考え出され，現在でも使用されているインバーテッドファイルであるが，膨大なウェブ情報を扱うGoogleでも，検索の度に大量のウェブページを見にいくと膨大な処理時間がかかるため，インバーテッドファイルを自動

的に作成する仕組みを利用して，迅速な検索結果表示に役立てている。

(2) 索引ファイルの作成と語の登録

　検索処理の多くは索引ファイルを経由して行われるため，インバーテッドファイルに収録される索引語は重要である。索引語を付与したり，文章の中から索引語を抽出したりすることを索引作業（indexing）という。したがって，この索引作業が検索結果の良し悪しを左右することになる。人手による索引作業は，時間やコストがかかるため，コンピュータによる自動索引処理を行うこともある。

　英語の文章では，スペースによって単語が認識できるため，スペースを切れ目として語の抽出を行うことができる。文章中に出現したすべての単語を索引ファイルに収録するが，of, the, with などのように文中に出現する頻度が非常に高い語は，通常索引ファイルに登録されないことが多い。このように，索引ファイルに登録されない語をストップワード（stop word：不要語）といい，ストップワードを入力しても検索結果は 0 件になってしまう。その理由は，ストップワードはインバーテッドファイルの索引語として収録されないためである。商用データベースでは，ストップワードは情報検索システムによってそれぞれ指定されているので，検索前に確認する必要がある。ただし，日本語の情報検索システムではストップワードリストを公表していないため，どのような語がストップワードに指定されているかを調べることはできない。

(3) 形態素解析

　日本語の文章では，英語の文章のように単語間にスペースが存在しないため，索引語の抽出には複雑なアルゴリズムが必要となる。自然言語処理技術の形態素解析を使用して，文章を品詞などによって区切り，あらかじめ定めたストップワードを削除して，残った語（名詞など）を索引語として登録する方法が行われる。形態素解析では，ストップワード

/<u>銀座</u>/の/<u>大通り</u>/は/，/<u>外国</u>/から/の/<u>観光客</u>/で/
<u>混雑</u>/している/。/

文章を区切るのは，「。（句点）」のところから始め，文章を文末から逆に操作して前文の「。」が出てくる所まで切断していく。形態素解析では，この操作を繰り返していく。

［注意］　索引語としてインバーテッドファイルに収録されるのは，<u>下線の語</u>だけとなる。
　　　　　その他の文字は，ストップワードと判断されて削除される。

1-6 図　形態素解析の事例

をリストした辞書との照合の結果に依存する。すなわち，ストップワードの辞書に登録されていない語は，ストップワードとみなされないため，検索対象語として索引ファイルに登録される。そして検索結果に出力されることになる。この場合，ストップワードの辞書が適切でないとノイズの原因になる。1-6 図は形態素解析の例を示している。

　一方，形態素解析ではもう一つ注意しなければならないことがある。例えば，気管支拡張剤として知られるサルブタモールという物質があるが，これが「サル／ブタ／モール」というように，「サル」と「ブタ」と「モール」に分割されてしまうことも起こり得る。そこでこの文字列は，切断しないようにあらかじめ単語登録をしておき，インバーテッドファイルに収録する前に照合して切断処理をしないという例外も考慮する必要がある。このように誤って化学物質名や専門用語を切断しないように，切断してはならない語をリストした切断例外辞書を準備しておくことも必要となる。

(4) N グラム法

　今日のコンピュータの処理速度の飛躍的向上と，文書処理技術の発達にともなって，インバーテッドファイルを作成しないで，シーケンシャルファイルを直接検索する情報検索システムや検索エンジンも多くなっている。データベースやウェブページのテキスト全体を検索対象とし，先頭から順次文字列をチェックしながら検索する方法をとる。検索語を明示的に識別せずに，文章中の文字列を重複させながらずらして見ていき，検索対象語を見つけ出す方法である。N グラム法（N-gram）と呼ばれ，一度に調べていく文字列単位の数によって，1 文字単位の場合をユニグラムまたはモノグラム，2 文字単位の場合をバイグラム，3 文字単位の場合をトリグラムと呼ぶ。例えば，「情報検索システムの」という文字列をバイグラムで処理すると，「情報」「報検」「検索」「索シ」「シス」「ステ」「テム」「ムの」というように 1 文字あるいは 2 バイト（byte）[7]ずつずらして索引化を行っていき，検索対象語を見つけ出す方法である。この方法であれば，あらかじめ先に述べたようなインバーテッドファイルを準備する必要がない。

　N グラム法による検索では，検索漏れがないという利点が挙げられるが，「京都」を検索したい場合に，「東京都」も検索結果に含まれたり，「たこ」の検索には「～したことがある」も含まれたり，ノイズを生じやすいという欠点がある。

(5) 類似文書検索

　類似文書検索は，情報検索の歴史のなかでも比較的新しく，1990 年代後半から登場した検索方式である。分野によっては，連想検索や概念検索などと異なる呼称で呼ばれている。国立情報学研究所（National Institute of Informatics：NII）や連想出版から提供されてい

7：日本語は 2 バイト（byte）で，1 文字を表現する。詳細は 5 章「5.3.8 文字の表現」で説明している。

る図書などを中心とした Webcat Plus，新書マップ，BOOK TOWN じんぼう，想
［IMAGINE］および文化遺産オンラインでは連想検索と呼び，特許分野では概念検索と呼
んでいる。

　類似文書検索は，検索語の一致による検索システムではなく，語の出現頻度や単語間の
類似度計算に基づいて検索が実行される。類似文書検索では，文書と文書の言葉の重なり
具合をもとに，検索条件の文書に近い検索結果としての文書を探し出す検索技術である。
従来の検索のようにキーワードなどの検索語を入力して検索することもできるが，類似文
書検索では論理演算子を使用した検索式の代わりに，文章の入力による検索が可能で，内
容面で類似している可能性が高い検索結果が表示される。

　類似文書検索は，文字列の一致で検索するわけではないため，検索者が適切な検索語を
思いつくことが難しい場合など，漠然とした内容から徐々に検索しながら考えていきたい
場合に向いている。例えば，Webcat Plus を使用して，今朝読んだ新聞記事に関連した図
書を探したいという場合，新聞記事の文章を検索ボックスに入力して検索する。一つの文
章だけでなく，複数の文章を入力することもできる。検索結果で得られた書籍情報に加え
て関連語なども提示してくれるので，さらにそれらの関連語から検索を発展させていくこ
ともできる。しかし，検索結果の件数が膨大であったり，検索結果の上位にきている検索
結果が必ずしも納得のいくものではないこともあったりするので，目的が明確な検索には
向いていない。そのような場合，Webcat Plus では連想検索のほかに用意されている一致
検索を使用すると，論理演算を使用した検索方式で検索することもできる。

1.3　情報検索のプロセス

1.3.1　情報要求から検索記録の保存まで

　情報検索は，何かを調べたいという情報要求が出発点である。自分で調べたい人もいれ
ば，図書館などのレファレンスサービスを利用したい人もいるであろう。図書館員やイン
フォプロ[8] は，利用者から調査の依頼を受けて行うため，受付時にあらかじめ質問事項な
どが記入できる受付用紙を準備している。それは，依頼者の連絡先や検索に必要な情報要
求の内容を尋ねて，確認しておかなければならないからである。依頼者と検索者の間で，
情報要求の内容を明確にしておくことは情報検索結果の質にも関わってくるため，依頼者
とのインタビューは非常に大切である。依頼の受付時に行うインタビューのことをプレ
サーチインタビューという。検索を始めてから検索経過が思わしくない場合にも，依頼者
とのコミュニケーションを欠かすことはできないため，検索途中で再インタビューを行う

8：インフォプロについては，2章「2.5.3 情報サービスを担うインフォプロ」で説明している。

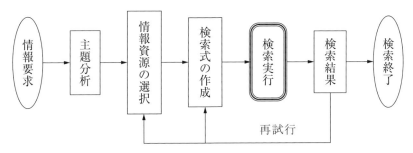

1-7 図　情報検索のプロセス

こともある。図書館におけるレファレンスサービスでは，プレサーチインタビューおよび調査や検索中に生じるインタビューのことを，レファレンスインタビューと呼んでいる。

　情報検索のプロセスは，1-7 図に示したような手順で進められる。検索テーマの主題分析（subject analysis）とは，求める情報の内容を分析し，そこで表現されている概念を言葉に表現する作業をいう。情報要求の内容を主題分析した後，どのデータベースあるいはネットワーク情報資源を対象として検索すれば，期待する情報が得られるかを考えて適切な情報資源を選択する。使用するデータベースや検索エンジンによって検索戦略が異なるため，選択した検索対象データベースやネットワーク情報資源に合う適切な検索語を検討し，それらに基づいて検索式を作成する。これが検索質問である。今まで検索したことのないテーマについて検索する場合は，必要に応じて予備検索をしてみることも必要である。実際に検索戦略が決まれば，検索を実行することになる。検索結果を表示して，検索結果が情報要求に合った結果かどうかを吟味する。必ずしも一度で満足のいく結果が得られるとは限らない。検索結果の内容をチェックして，新たな検索語を加えたり，検索式を作成し直したりしながら，再試行することも多い。場合によっては，検索対象とするデータベースやネットワーク情報資源そのものを変更してみる必要があることもある。このように，情報検索では，検索結果を確認して試行錯誤を繰り返しながら，求める情報の精度を上げていく方法をとることが多い。情報要求に合った検索結果が得られたら，検索を終了する。

　図書館員やインフォプロが代行検索した場合は，検索結果を分析してレポートにまとめることを依頼されることもある。また，代行検索した場合は，依頼者から再度の調査依頼や類似の検索テーマを受ける場合を想定して，調査終了後に検索テーマ，検索語，検索式などを Access などのデータベースソフトを利用して，保存・管理して，似たようなテーマの調査や再度の調査依頼に備えておくことが重要である。

1.3.2　検索終了後の原報入手

　文献検索では，検索結果で得られた書誌情報から原報を入手したいということが多い。今日では，国内の学術論文データベースである CiNii Articles を利用することにより，

オープンアクセスジャーナルや機関リポジトリから原報を電子ジャーナルとして無料で入手できる場合もある。オープンアクセス（open access：OA）とは，「学術論文や記事を，インターネットを通じて誰でも自由に無料で利用できるようにすること。」[9]である。したがって，オープンアクセスジャーナルとは，インターネットを通じて無料で提供される電子ジャーナルのことをいう。例えば，科学技術振興機構（Japan Science and Technology Agency：JST）が提供する J-STAGE を利用すると，多くの電子ジャーナルを無料で閲覧することができる。機関リポジトリ（institutional repository：IR）とは，「リポジトリとは保管場所，知識の宝庫という意味で，大学や研究機関が所属する研究者の学術論文などの研究成果を電子的に収集，蓄積，提供するシステムやサービスをいう。オープンアクセスを実現する手段の一つに位置付けられる。」[10]と解説されている。利用したい場合は各大学や研究機関の機関リポジトリに直接アクセスするか，国立情報学研究所（NII）がサービスするわが国の機関リポジトリのポータルサイトである IRDB（Institutional Repositories DataBase）で検索してもよい。また，CiNii Books では自館の図書館での雑誌の所蔵状況や，他大学の図書館での雑誌の所蔵情報を得ることもできる。カーリルを利用すると全国の公共図書館と大学図書館の図書の所蔵情報と貸出状況を知ることもできる。これらのネットワーク情報資源の詳細は 3 章「3.3 ネットワーク情報資源の種類」で解説する。

　図書館員やインフォプロとして利用者から原報入手依頼があった場合は，自館に所蔵していない場合は，図書館間相互貸借（interlibrary loan：ILL）によって他館から資料を取り寄せたり，文献複写サービスによって入手して依頼者に提供する。

1.4　検索結果の評価

　検索終了後，求める情報が適切に検索できているか，検索漏れやノイズがないかどうかをチェックすることは大切なことである。検索漏れ（drop-out）とは，そのテーマで検索した場合に検索されなければならない適合情報で，データベースの中に存在するにもかかわらず，実際には検索されなかった情報のことをいう。これに対して，ノイズ（noise）とは，検索ノイズともいい，その検索テーマに不要な情報であるにもかかわらず検索されてしまった情報で，そのテーマに対しては不適合な情報といえる。

　情報検索では，できるだけ検索漏れとノイズを減らすことが重要である。実際の検索では，入力する検索語を追加したり，同義語や類義語などを追加したり，統制語[11]が使用で

9：“Ⅳ基本用語解説　オープンアクセス”．図書館情報学基礎資料．今まど子，小山憲司編．第 3 版，樹村房，2020，p. 93.

10：“Ⅳ基本用語解説　機関リポジトリ”．図書館情報学基礎資料．今まど子，小山憲司編．第 3 版，樹村房，2020，p. 97.

11：統制語については，本章 1.4.2「(2) 再現率を上げるための統制語検索」および 2 章「2.4.3 件名標目表とシソーラス」で説明している。

きる場合は統制語を確認して入力したりして検索漏れを少なくするように心がけることが大切である。一方，トランケーションの使い方を見直したり，AND演算子の代わりに近接演算子を使用したりすることによってノイズをできるだけ少なくすることもできる。

　情報検索サービスは，情報サービスの一種であるので，検索結果がよかったのかどうか評価する必要がある。検索結果の評価基準には，顧客満足度を調査する方法と，再現率と精度を計算する方法がある。

1.4.1　顧客満足度による評価

　インフォプロや図書館員が依頼者からの代行検索を受けた場合，依頼者自身の満足度という評価尺度は重要である。顧客満足度は主観的な尺度であるが，依頼者が満足する情報提供ができているかどうかについて把握できるものである。検索結果に対して，アンケート調査やインタビュー調査を実施して満足度を確認する方法がある。満足度が高いとその依頼者は検索者を信頼し，その後のリピーターとなり得る。

1.4.2　再現率と精度による評価

(1) 再現率と精度

　再現率（recall ratio）は，データベース中に存在する情報要求（検索テーマ）に合致する適合情報全体のうち，実際に検索された適合情報の割合を表し，検索漏れの程度を示す指標となる。精度（precision ratio）は，実際に得られた検索結果の情報全体のうち，どれだけ適合情報が検索されたかという割合を表し，ノイズの程度を示す指標となる。なお，精度は以前，適合率（relevance ratio）ともいわれた。

　精度は実際の検索結果をチェックすることにより容易に計算できるが，再現率はデータベース全体に適合情報が何件あるのか調べることが実際には困難なため，通常，正確に計算することができない。再現率と精度については，1-8図に示すような関係となり，それ

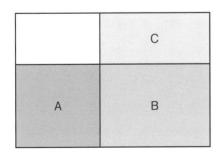

再現率　$R = \dfrac{B}{A+B} \times 100\%$

精　度　$P = \dfrac{B}{C+B} \times 100\%$

A＋B：検索要求に合致する適合情報の全体
C＋B：実際に検索された情報の全体
　A：検索漏れ（適合情報にもかかわらず検索されなかった情報）
　B：検索された適合情報
　C：ノイズ（検索テーマに合致しない不要情報）

1-8図　再現率と精度

ぞれ図中の計算式を使用して計算する。

　例えば，20件の情報を検索してその全部が適合情報であった場合，精度は 20÷20×100 ％＝100% である。しかし，このときデータベース全体に 100 件の適合情報が存在していたとすると，再現率は 20÷100×100 ％＝20 ％となり，80 ％が検索漏れとなる。精度が100% であっても再現率が 20% では，よい検索とはいえない。

　再現率も精度も 100% になれば理想的であるが，実際には再現率を上げようとして広い概念の検索語をたくさん使用して検索すると，ノイズも多く含まれるようになってしまい精度が下がる。一方，精度を上げようと適合性を高める検索をすると必要な適合情報が漏れて再現率が下がる結果となることが多い。再現率を上げようとすると精度が下がり，精度を上げようとすると再現率が下がる傾向にある。したがって，情報検索では，再現率を重視する網羅的で検索漏れの少ない検索をしたい場合と，多少の検索漏れがあってもよいが，精度の高い検索をしたい場合では，検索式の作成方針も異なってくる。例えば，特許取得のためには，1 件でも検索漏れがあってはならない。同様の特許が出願されていないか，関連する先行文献が発表されていないか，漏れなく調査する必要がある。そのため，特許調査では再現率を重視して，ノイズが含まれることを承知で検索する場合が多い。一方，多少の検索漏れがあってもよいが，主要な文献を何件か知りたいというような場合は，精度を重視した検索を行う。どちらを重視して検索するかによって，検索戦略が変わり，使用する検索語や作成する検索式も異なってくる。

(2) 再現率を上げるための統制語検索

　国立国会図書館サーチや商用データベースの中には，統制語を使用して検索することができる情報資源がある。国立国会図書館では，納本された図書に『国立国会図書館件名標目表』（National Diet Library Subject Headings：NDLSH）から内容を表す件名標目（統制語）を付与している。したがって，思いついた言葉だけで検索するのではなく，検索したいテーマに合った標目（統制語）を使用して検索すると検索漏れの少ない検索が可能になる。『国立国会図書館件名標目表』で使用されている標目の確認には，Web NDL Authorities が国立国会図書館のウェブサイトから提供されている。これを使用すれば国立国会図書館サーチで使用されている件名標目を調べることができる。1-9 図は，「ショッピングモール」という言葉が，件名標目になっているかどうかを Web NDL Authorities を使用して調べた例である。「ショッピングモール」は『国立国会図書館件名標目表』では，「ショッピングセンター」が件名標目になっていることがわかる。したがってこの場合，「ショッピングモール」で検索するのではなく，件名標目である「ショッピングセンター」で検索した方が，検索漏れを少なくすることができる。

　日本経済新聞社が作成する日経四紙［日本経済新聞，日経産業新聞，日経 MJ（流通新聞），日経金融新聞（2008 年 1 月 31 日で休刊）］の新聞記事には『日経シソーラス』を使

1-9図 Web NDL Authorities を使用したショッピングモールの検索事例

用した統制語が付与されている。『日経シソーラス』の印刷版は 2008 年版で終刊したが，日経テレコンのウェブサイトから，オンライン版日経シソーラスが無料公開されている。その内容については，2 章の 2-4 図に事例を示している。

　科学技術振興機構（JST）が作成し，ジー・サーチが提供する JDreamⅢで利用できる JSTPlus に収録される科学技術分野の学術論文には，『JST 科学技術用語シソーラス』を使用した統制語が付与されている。『JST 科学技術用語シソーラス』の印刷版も 2008 年発行のものが最後であるが，有料データベースの JSTPlus を検索しているときにオンラインシソーラス機能を活用すれば，検索中にシソーラスの統制語を参照することができる。また，J-GLOBAL の「シソーラス map」では，無料で参照できる。

　このように統制語が使用できるデータベースでは，適切な統制語を使用すると同義語をいろいろ考えて個別に入力する必要がなくなる。また，シソーラスの上位語（上位概念の語）を入力することにより，検索漏れを防ぎ再現率を高めることができる。データベースを作成する際の索引作業では，できるだけ適切な下位語（下位概念の語）が付与されるが，その後コンピュータを使用してシソーラスにある該当するすべての上位語を自動付加していく。これにより，検索時に上位語で検索すると下位語を含めた検索ができるようになる。このようにシソーラスの上位語を自動付加し，下位語を含めた検索ができるようにすることをアップポスティング（up-posting）という。これによって，シソーラスの上位語で検索すると下位語を含めた検索が可能になり，検索漏れの少ない検索，すなわち再現率を向上させる検索が可能になる。

2章

情報資源と情報サービス機関

〈2章　学習のポイント〉

　情報の定義を理解した上で，一次資料（図書，逐次刊行物，他）と二次資料（書誌，目録，他）の種類と特徴を理解する。ネットワーク情報資源（電子書籍，電子ジャーナル，データベース）およびデジタルアーカイブの種類や特徴も理解する。これらの情報資源の組織化の手法や仕組み（目録法，分類法，件名標目表・シソーラス）を理解する。検索に活用できる情報資源の識別子（ISSN，ISBN，DOI）を知る。最後に情報サービスの種類と情報サービス機関，インフォプロについて学ぶ。

2.1　データと情報

　データ（data）とは，事実（fact）から収集された素材を記号化したもので，データの表現方法の違いから，文字，数値，画像，映像，音声などがある。このデータを特定の目的に沿って取捨選択し，評価して価値づけられたものが情報（information）である。その情報を集積し，より広い目的のために使用されるように体系づけられた情報が知識（knowledge）である[1,2]。2-1 図は，事実から知識までの変換のプロセスを示している。データから情報への変換は，特定の目的が変われば，集めるデータの選択も異なり，評価や価値づけについても異なる結果が生まれてくる。しかし，さまざまな情報を集積することによって，将来を見据えて一般化が図られることによって普遍性が生まれる。これが知識である。ただし，事実から知識までの変換プロセスは，固定されているわけではなく，新事実が明らかになったり，今までは測定できなかったデータが新たに測れるようになれば，得られる情報も変化し，ひいては知識がくつがえされることも起こる。したがって，これらのプロセスは固定されたものではない。

　データと情報に関する用語の定義を，日本産業規格（旧：日本工業規格，Japanese Industrial Standards：JIS）の「JIS X 0001：1994 情報処理用語–基本用語」[3]では次のように定義している。

1：飯塚健，山崎昶．情報化時代に遅れないために –1– 情報とは（1）．化学と生物．vol. 20, no. 1, 1982, p. 32.
2：松井博．"1.1.1 情報の本質"．情報アクセスのすべて．丸山昭二郎ほか編．増補改訂版，日本図書館協会，1992, p. 3.
3：JIS X 0001：1994 情報処理用語–基本用語.

知　識 ： 体系づけられ一般化
（knowledge） された情報

情　報 ： 特定の目的に沿って評価・
（information） 価値づけられたもの

データ ： 客観的に評価できるように記号化
（data） したもの

事　実 ： 実在しているさまざまな現象や事柄
（fact）

2-1 図　事実から知識までの変換プロセス

- データ……情報の表現であって，伝達，解釈又は処理に適するように形式化され，再度情報として解釈できるもの
- 情報……事実，事象，事物，過程，着想などの対象物に関して知り得たことであって，概念を含み，一定の文脈中で特定の意味をもつもの

2.2　一次情報と二次情報およびそれらの情報資源の種類

　情報の種類はさまざまな観点から分類することができるが，ここでは情報を加工のレベルという観点から，図書館をはじめとするさまざまな情報サービス機関で扱う情報資源（information resources）の種類について紹介する。情報資源とは，「(1) 必要なときに利用できるように何らかの方法で蓄積された情報や資料。天然資源，人的資源などの用法を情報にあてはめて用いられる。(2) 組織にとっての資源とみなされた情報。主として企業情報システムを対象として生まれた概念で，組織にとって有用なデータや情報を処理技術から独立した実体として認識し，人や資本などを組織にとっての経営資源とみなすのと同じ意味で，データや情報を経営資源とみなし管理する（情報資源管理）。」[4] と定義される。本章では，主に (1) の意味で使用していくが，(2) の意味も情報検索と無関係ではない。
　研究開発中に記載されている実験記録などの非公開の生情報を零次情報と呼ぶこともあ

4：“情報資源”. 図書館情報学用語辞典. 日本図書館情報学会用語辞典編集委員会編. 第 4 版, 丸善出版, 2013, p. 108.

る。しかし，ビッグデータを扱う時代になり，零次情報という定義は必ずしも確定された
ものではない。一次情報や二次情報に対する相対的な意味合いで使用されているといえよう。

2.2.1　一次情報と一次資料

　一次情報（primary information）とは，新規性や独創的な内容をもつ情報で，オリジナ
ルな内容をもつ情報をいう。一次情報を収録している資料を一次資料（primary materi-
als）といい，図書，雑誌，新聞，テクニカルレポート，会議資料，学位論文，規格資料，
特許資料などがある。

(1) 図書（books）

　1964年ユネスコ総会で採択された図書の定義では，図書出版物の統計を作成するために
用いる観点から，「図書とは，国内で出版され，かつ，公衆の利用に供される少なくとも
49ページ（表紙を除く。）以上の印刷された非定期刊行物をいう。」[5]と定義されている。ま
た，小冊子（pamphlet）については，「いずれかの一国で出版され，かつ，公衆の利用に
供される少なくとも5ページ以上48ページ以下（表紙を除く。）の印刷された非定期刊行
物をいう。」[6]と定義している。しかし図書館などでは，49ページに満たないような資料で
あっても，図書扱いで処理されている資料もあり，統計上の定義と実情では異なる面もあ
る。

　日本における新刊図書点数は『出版年鑑』(2018)[7]によると，1987年には37,010点で
あったが，2017年は75,412点となり，過去30年の間に約2.0倍に増加した。図書は内容
や用途の観点から，大きく一般図書と参考図書に分けることができる。一般図書とは，小
説のように通読できる図書のことで，一般書や専門書，教養書，教科書などがある。一方，
参考図書（reference books）とは，通常調べるために必要な箇所だけを参照する図書のこ
とで，辞書・事典，ハンドブック（便覧），地図帳，図鑑などがある。なお，今日では多く
の電子書籍が発行されるようになっており，図書の形態も一様ではなくなっている。電子
書籍については，本章「2.3.1　デジタルコンテンツ」で記述する。

(2) 逐次刊行物（serials）

　逐次刊行物とは，同一タイトル（誌名・紙名）のもとに終期を予定せず，巻次・年月次
を追って継続して発行される出版物のことをいう。逐次刊行物の種類には，雑誌（学術雑

5：日本ユネスコ国内委員会. 図書及び定期刊行物の出版についての統計の国際的な標準化に関する改正勧告.
　1985年11月1日　第21回ユネスコ総会採択. https://www.mext.go.jp/unesco/009/1387396.htm,（参照
　2020-03-20）.
6：前掲注5。
7：出版年鑑編集部編. 出版年鑑1：資料・名簿. 出版ニュース社, 2018, p.276.［『出版年鑑』は2019年3月
　で休刊となり, 2018年版で終了した。］

誌，一般雑誌），紀要，新聞，年鑑，白書などがあげられる。これらの出版物は，刊行頻度が決められている定期刊行物（periodicals）と，刊行頻度があらかじめ決められていない不定期刊行物（non-periodicals，非定期刊行物ともいう）に分けることができる。定期刊行物の刊行頻度には，週刊（weekly），月刊（monthly），季刊（quarterly），年刊（annual）などがある。

　雑誌は，大きく学術雑誌と一般雑誌に分けることができる。学術雑誌（journals）とは，学術論文が掲載されている雑誌のことで，学術論文以外にも学術的な内容の総説（レビュー）や解説記事なども収録している。原著論文（original articles）は，研究者の新しい研究成果を発表するもので，著者のオリジナリティを有する内容が記載され，研究テーマに沿って論理的に構成され，研究の目的・方法・結果・考察・結論が記載されているものである。学術論文の中でも，特に重要視されるのが原著論文である。学術論文を執筆する際の書式（記載のフォーマット）については，学術雑誌を発行する学会や大学などが，個々に論文を投稿する際の執筆要項に定めているので，それに従って記載する必要がある。

　学術雑誌に投稿される学術論文に対しては，その分野での一定の水準を保つ役割として査読制度がある。査読（peer review）では同じ分野の匿名の研究者が投稿された論文を読み，論文に書かれた研究内容の価値，新規性，正確性，論文としての質について評価し，雑誌に掲載してよいかどうかを判断する。

　学術雑誌の発行は，主に学協会が発行するものと，大学や研究機関から発行されているものに大別できる。学協会とは，学者や研究者がお互いの研究成果を発表したり，知識や情報を交換したりするために組織した団体のことである。学術研究の成果は単に口頭で発表されるばかりでなく，機関誌（journals）と呼ばれる学協会が発行する学術雑誌にも掲載される。一方，大学で行われた研究成果は，大学や研究機関に所属する教員や所員を中心に，所属する大学が発行する紀要（bulletins）という学術雑誌に掲載される場合もある。今日では，各大学が発行する紀要に掲載された論文を，機関リポジトリ（institutional repository：IR）を構築して掲載論文の無料公開を行い，誰でもオープンアクセス（open access：OA）できる環境が整ってきている。機関リポジトリについては，本章2.3.1「(2) 電子ジャーナル」で詳述する。

　学術雑誌は学者や研究者にとっては重要な雑誌ではあるが，一般の人々にとってはあまり読む機会のない雑誌である。誰でも目にする雑誌といえば，週刊誌や娯楽雑誌であろう。これらは，学術雑誌とは区別して一般雑誌（magazines）と呼ばれている。一般雑誌とは，一般の人々を読者対象として，販売を目的として出版される雑誌のことで大衆雑誌ともいわれる。このほか，雑誌には業界誌・専門誌と呼ばれる，特定の業界や専門分野（例えば，自動車，金融，食品など）で発行される雑誌もある。

2-1 表　米国と日本の主なテクニカルレポート

	種類	発行機関	分野
米国	PB レポート	米国政府各省	研究開発全般
	AD レポート	米国国防総省　ほか	国防関連
	DOE レポート	米国エネルギー省	原子力・エネルギー
	NASA レポート	米国航空宇宙局	航空・宇宙
日本	JAEA レポート*	日本原子力研究開発機構	原子力
	JAXA レポート*	宇宙航空研究開発機構	宇宙・航空

＊は，委託報告書ではなく機関そのものから発行されている。

(3) テクニカルレポート (technical reports)

　テクニカルレポートとは，政府機関や研究機関から委託された研究成果をまとめた報告書のことである。技術報告書ともいう。1 論文 1 冊形式でまとめられ，中間報告や最終報告として作成され，レポート番号が付与される。委託先や助成先の名称と委託番号あるいは助成金番号が必ず記載される。

　第二次世界大戦中に米国を中心に発展し，現在でも 2-1 表に示したように科学技術やエネルギー，航空宇宙を所管する米国の政府機関などにおける委託研究の調査結果をまとめたテクニカルレポートが発行されている。米国の主なテクニカルレポートとして，PB レポート，AD レポート，DOE レポート，NASA レポートがある。米国のテクニカルレポートは，米国商務省の付属機関である技術情報サービス局（National Technical Information Service：NTIS）が NTIS というデータベースに収録して管理している。National Technical Reports Library（NTRL）の画面からキーワードなどによる検索ができ，PDF 形式で閲覧できる報告書もある。また，日本で米国のテクニカルレポートを閲覧する場合，国立国会図書館（National Diet Library：NDL）が収集・保存しているので利用することができる。

　日本では，JAEA レポートや JAXA レポートがある。これらのテクニカルレポートは，各発行機関のデータベースにおいて全文などを確認できるほか，国立国会図書館が収集・保存しているので閲覧できる。米国と日本の主なテクニカルレポートを 2-1 表に示した。

(4) 会議資料 (conference materials)

　会議資料とは，企業の社内会議に関する資料ではなく，学協会が主催する学術的な性格を有する会議（学術会議）や研究集会において作成されるさまざまな資料のことである。開催予告，当日スケジュール，予稿集（会議開催前に発表者が提出した講演要旨を収録した資料：preprints），会議録（会議後に発行する論文集：proceedings）などがある。また，proceedings は，単行書として刊行される場合もあれば，雑誌に掲載される場合もあるが，近年は学協会のウェブサイトから公開されることも多くなっている。

　自然科学や科学技術分野における会議録の特徴は，学術雑誌に掲載される原著論文と同様に，オリジナリティの高い資料であるという点である。予稿集や会議録は学会の参加者（会員）にしか配布されないため，一般的には入手が困難である。会議録には，書誌情報として，会議開催場所や回次情報，さらに会議録を示す言葉として proceeding，会議を表す言葉として conference や meeting などの表記が記述されていることが多い。

(5) 学位論文 (theses, dissertations)

　文部科学省令「学位規則」によると，学位には大学等が授与するものとして，博士，修士，専門職学位（例えば，法務博士（専門職），教職修士（専門職）など），学士および短期大学士がある。学位論文は，これら学位を請求するために提出する論文のことで，学位に応じて，博士論文，修士論文，卒業論文がある。しかし，論文内容の学術的価値を踏まえて，わが国では学位論文とは一般的に大学院レベルの博士論文と修士論文のことを指す。学術雑誌と同様にオリジナリティの高い資料である。書誌情報には，著者名や論文タイトル以外にも学位授与機関名，取得学位名，学位授与年月日などが付記されている。

　わが国では，学位規則が一部改正（2013(平成 25)年 3 月 11 日公布，同年 4 月 1 日施行）され，博士を授与した大学等は，学位論文の内容の要旨および論文審査結果の要旨は，インターネットの利用により公表することが義務づけられた。したがって，学位授与大学の機関リポジトリで授与した学位論文を調べることができるようになった。その他，国内博士論文の情報は国立国会図書館が提供している国立国会図書館デジタルコレクションや，国立情報学研究所（National Institute of Informatics：NII）が提供している CiNii Dissertations などで調べることができる。なお，北米を中心に，世界の博士論文および修士論文を調べるには，有料で提供されている ProQuest Dissertations & Theses Global という学位論文を収録するデータベースがある。

(6) 規格資料 (standard materials)

　産業・技術・科学の各分野においては，品質や安全性を確保したり，物品の流通促進を図ったりするために，個々の製品の形状，寸法，単位，用語などの標準化を図る必要がある。規格とは，「一般公衆が利用できる技術仕様書又はそれに類した文献であって，科学・技術・経験を集約した結果に基づいて喚起されたあらゆる利害について協調と合意又は大方の承認を得て作成され，社会の便益を最大限に増進することを目的として，国，地域又は国際間で認められた団体が承認したもの。」[8] と定義される。規格資料は，このような目的に沿って作成された資料で，以下に示すような種類がある。規格資料は，科学技術の進歩や社会情勢の変化に伴い，見直しや改訂，廃止が行われる。そのため，いつの時点

---

8 :"規格". JIS 工業用語大辞典. 第 5 版, 日本規格協会, 2001, p.441.

で発行されているものなのか，現在規格として存在しているのかを慎重に見極めて利用しなければならない。

　規格には，国際規格から団体規格までいろいろな種類があり，代表的な規格は次のとおりである。

①国際規格……国際規格団体が制定する規格のことである。国際団体として ISO （International Organization for Standardization：国際標準化機構）や IEC （International Electrotechnical Commission：国際電気標準会議）が規格を制定しており，それぞれ ISO 規格，IEC 規格がある。日本は日本産業標準調査会（Japanese Industrial Standards Committee：JISC）が両団体に加盟している。

②地域規格……特定の地域の標準化団体が制定する規格のことである。CEN （European Committee for Standardization：欧州標準化委員会），ETSI （European Telecommunications Standards Institute：欧州通信規格協会），CENELEC （European Committee for Electrotechnical Standardization：欧州電気標準化委員会）が，これらの規格を欧州統一規格としてまとめて制定した EN （European Norm：ヨーロッパ標準）規格がある。加盟国は EN を国家規格として義務づけられる。

③国家規格……国家規格団体が制定した規格のことで，日本では「産業標準化法」の第十一条・第十七条で定められている JIS （Japanese Industrial Standards：日本産業規格）と「日本農林規格等に関する法律」（略称名：JAS 法）の第三条で定められている JAS （Japanese Agricultural Standards：日本農林規格）がある。流通のグローバル化の影響により ISO に準拠して，JIS として制定しているものもある。なお，2018 年に「不正競争防止法等の一部を改正する法律」（法律第 33 号）により，工業標準化法が産業標準化法に，日本工業規格（JIS）が日本産業規格（JIS）に変更された。アメリカには米国規格協会（American National Standards Institute）が制定する ANSI 規格があり，ドイツにはドイツ規格協会（Deutsches Institut für Normung）が発行する DIN 規格がある。紙の大きさでは A4 版が現在わが国の公用で使用されているが，元はドイツの国家規格（DIN 規格）であった。現在は国際規格（ISO 規格）になっているが，国家規格が国際規格に昇格した事例の一つである。

④団体規格……学会などの団体が制定する規格のことで，米国電気電子学会（Institute of Electrical and Electronics Engineers：IEEE）が制定する IEEE 規格がある。米国電気電子学会は米国電気電子技術者協会とも訳されている。また，米国材料試験協会（American Society for Testing and Materials）の ASTM 規格もある。

　上記で述べたとおり，規格は標準化を図る目的として制定されるものである。しかし，標準にはデジュール標準（公的な機関が制定する標準）に加え，デファクト標準（市場で

圧倒的な支持を得て，市場を支配した標準）もある。デジュール標準（de jure standard）は，ISO 規格や IEC 規格などがある。一方，デファクト標準（de facto standard）は，マイクロソフト（Microsoft）やアドビシステムズ（Adobe Systems）が作成する標準などがある。前者はパソコンの OS である Windows があり，後者は PDF を閲覧するソフトウェアである Adobe Acrobat Reader がある。

(7) 特許資料（patent materials）

　知的財産権は，権利をもつ者に一定期間，独占的な権利を与える権利である。知的財産権のうちの一つの権利である産業財産権（4 章「4.2 産業財産権等」を参照）には，特許権，実用新案権，意匠権，商標権がある。このうち，産業上利用できる高度な発明に対して，発明者あるいは権利者に一定期間，独占的な権利を与えて発明の保護を図る権利を特許権という。わが国の特許権は特許法に基づいて保護される。特許法第一条では，「発明の保護及び利用を図ることにより，発明を奨励し，もつて産業の発達に寄与することを目的とする」と記載されている。

　出願人が発明について特許権を取得するためには，願書や特許明細書，特許請求の範囲，要約，図面（必要に応じて）などの書類を作成して，特許庁に出願する必要がある。特許庁に出願する書類を総称して特許資料と呼んでいる。広義には，産業財産権（特許権，実用新案権，意匠権，商標権）の全資料も含める場合がある。

　出願内容（願書を除く提出した書類）は，出願した日から 1 年 6 か月後に「公開特許公報」に掲載されて公開される。わが国では出願した日から 3 年以内に審査請求のあったものだけが審査の対象となる。審査請求のないときは，みなし取り下げとなり特許を取得することはできない。審査請求があると査定（発明要件および特許要件を満たしているか）を経て，新規性や進歩性が認められると特許が成立し，特許原簿に登録された発明が「特許掲載公報」（単に「特許公報」ともいう）に掲載されて公開される。しかし，特許権を取得するには，最初の 3 年分の特許料を納付しなければならない。わが国の特許権の存続期間は，出願日から最長 20 年であるが，医薬品に関してはさらに 5 年までの延長が可能である。なお，特許料を納めなければその時点で，特許権は消滅する。特許制度は国ごとに異なるので，他国での特許取得には各国への出願が必要となる。

　特許資料は，特許情報プラットフォーム（J–PlatPat）で調べることができる。J–PlatPat は，インターネットを通じて無料で特許情報等を検索できるサービスのことである。詳細は，3 章「3.3 ネットワーク情報資源の種類」で紹介する。

(8) 政府刊行物（government publications）

　政府刊行物とは，政府関係機関が国民に公表する目的で編集，著作，監修，発行のいずれかを行った刊行物のことである。官報，白書，統計（総務省統計局の政府統計の総合窓

口（e-Stat）），有価証券報告書（金融庁提供の EDINET）などがある。官報（official gazette）は，1883(明治 16)年より休日を除き，毎日発行されている日刊誌で，「法令の公布」「公文」「公告」に関する周知事項や国民が知るべき内容を速報するため国の機関誌としての役割を担っている。特に法令の公布は『官報』に掲載されることによって行われる。官報の発行は，政府刊行物発行機関として国立印刷局が担っている。官報の入手方法は，印刷物（定期購読，部売）のほか，ネットワーク情報資源として電子化された官報を利用することができる。詳細は 3 章「3.3 ネットワーク情報資源の種類」で紹介する。

　白書（white paper）とは，各府省庁の 1 年間の政策状況などを報告する年次報告書のことである。法律に基づいて提出される法定白書と閣議へ提出される報告書がある。英国のホワイトペーパーから名づけられたとされる。法定白書では，文部科学省所管の『科学技術白書』や経済産業省の『ものづくり白書』などがあり，印刷物として販売されているほか，各府省庁のウェブサイトから無料で閲覧できる。

　統計とは，「一定の条件（時間・空間・標識）で定められた集団について調べた（あるいは集めた）結果を，集計・加工して得られた数値。」[9] のことをいう。具体的な統計資料として，国勢調査の結果集計や日本統計年鑑などがある。詳細は 3 章「3.3 ネットワーク情報資源の種類」で紹介する。

(9) 灰色文献（gray literature, grey literature）

　日本における印刷物の出版流通は，出版社→取次→書店という出版流通ルートを介して必要な資料が購読者に届けられる仕組みであるが，「一般流通に乗らない」あるいは「一般的に入手しにくい」「入手が限定されている資料」のことを灰色文献（グレイリテラチャー）と呼んでいる。具体的な資料群として，テクニカルレポート，学位論文，会議資料，政府刊行物などがある。しかし現在では，ネットワーク情報資源や機関リポジトリ，オープンアクセス資料もたくさんあり，これまで灰色文献といわれていた資料の入手状況はかなり改善されてきている。

2.2.2　二次情報と二次資料

　二次情報（secondary information）とは，一次情報の内容を編集・加工して，一次資料を探すために作成される情報のことである。二次情報を収録している資料を二次資料（secondary materials）という。すなわち，二次資料は必要な一次資料を探したり，入手したりするために利用される資料のことをいう。具体的には，書誌，目録，目次誌，索引誌，抄録誌などがある。これらは，順に加工レベルが高くなり，得られる情報量も詳細に

9：調査統計グループ調査分析支援室．"経済産業省統計まる分かり　用語の解説"．経済産業省．2015-09-01．
　https://www.meti.go.jp/statistics/toppage/topics/maruwakari/yougo.html，（参照 2020-03-20）．

なる。1960 年代から米国でコンピュータによる二次資料の編集・印刷が始まり，1970 年代には二次資料がデータベース化され，わが国でも 1970 年代半ば以降は主にオンライン検索での利用へと移行した。二次資料は印刷物での刊行もデータベースの利用が主流になるにつれ，21 世紀に入ると印刷物は廃刊になったものが多い。

(1) 書誌（bibliographies，単数形は bibliography）

　書誌とは，文献の書誌情報（図書では，書名，著者・編者等，版，出版者，出版年，主題など）を収録対象とし，一定の配列[10]にしたがって収録した文献リストのことである。全国書誌もその一つである。全国書誌とは，ある一国で出版された刊行物を網羅的に収集した書誌のことである。わが国では，国立国会図書館が納本制度によって収集した資料をもとに『日本全国書誌』を作成していた。「全国書誌」のデータは JAPAN/MARC として提供されている。MARC（machine-readable cataloging）とは，機械可読目録と訳され，コンピュータで処理可能な形式の目録のことをいう。『日本全国書誌』の印刷物は 2007 年で終刊し，現在，その内容は国立国会図書館書誌提供サービス（NDL-Bib）や国立国会図書館サーチ（NDL Search）で検索することができる。なお，NDL-Bib は 2020 年 12 月に終了するため，2021 年 1 月以降は，国立国会図書館サーチの詳細画面からダウンロードして利用することができるようになる。

　その他，国内で出版し販売されている図書などを包括的に収録した販売書誌もある。具体的には，『BOOK PAGE 本の年鑑』（日外アソシエーツ）や『出版年鑑』（出版ニュース社）などがある。『BOOK PAGE 本の年鑑』は，有料のデータベース bookplus としても提供されている。詳細は 3 章「3.3 ネットワーク情報資源の種類」で紹介する。

(2) 目録（catalogs，catalogues）

　目録とは，書名，著者・編者等，版，出版者，出版年などの書誌情報とその資料の所在情報をあわせもつものをいう。すなわち，書誌に所在（所蔵）情報が付加された二次資料といえる。図書館では，自館の所蔵資料を検索する OPAC（online public access catalog：オンライン閲覧目録）によって所蔵情報を提供している。最近の OPAC は，書誌情報や所蔵情報以外にも書影（表紙の画像）や目次情報，著者紹介，内容紹介，レコメンド情報（推薦メッセージ）なども提供されている場合もある。近年では，従来の図書や雑誌などの資料に加えて，電子書籍，電子ジャーナル，データベースなどのさまざまな情報資源を同じインターフェイスで一元的に検索できるサービスがある。これをディスカバリーサービス（discovery service）という。次世代 OPAC ともいわれており，大学図書館を中心に提供され始め，公共図書館においても導入し始めたり，検討したりしている図書館が増え

10：図書館情報学では排列と記載することが多いが，本書では配列と記載する。

てきている。

　自館に求めている資料がない場合，他の図書館にその資料が所在するのかを国立国会図書館のほか，都道府県立，市町村立図書館の単位で，横断的に一括検索できる横断検索システムがある。全国的な横断検索システムには，国立国会図書館サーチとカーリルがある。これらについては，3章「3.3 ネットワーク情報資源の種類」で紹介する。

(3) 目次誌 (contents journals)

　目次誌とは，最新号の学術雑誌の目次をそのまま雑誌単位で印刷したものである。速報性をもっているため，目次速報誌ともいう。主要な学術雑誌の目次ページをそのまま印刷した米国の Current Contents が有名であるが，現在は Current Contents Connect として，Clarivate から有料のデータベースとして提供されている。世界の主要学術雑誌の目次情報と抄録，新刊図書の目次などを収録している。

(4) 索引誌 (index journals)

　索引 (index) は，大きく巻末索引と記事索引に分けることができる。主に図書や辞書・事典などに付けられる巻末索引は，情報の中で主要な語句や事項を取り出し，見出し語を一定の順序で配列し，その所在を巻末から速やかに本文の該当箇所が検索できるようにしたもののことである。一方，記事索引は，主に雑誌や新聞などの個々の記事の内容を主題やテーマから検索できるようにした索引のことである。多くの索引誌は雑誌の記事を対象としているので，雑誌記事索引ということが多い。文献をキーワードから検索できるように，キーワードを見出し語として書誌情報を一定の配列基準（著者名順，雑誌名順等）に従って印刷したものが，索引誌である。もちろん，索引誌であっても著者から探せるように別途著者名索引も作成される。上述したように多くの索引誌が今日廃刊になっているが，データベースとして利用できるようになっている。データベースの場合は印刷物と異なりページ制限等の制約がないため，印刷物は索引誌であってもデータベースでは次に述べる抄録も収録している場合が多い。

(5) 抄録誌 (abstract journals)

　抄録 (abstract) とは，「SIST 01 (抄録作成)」によれば，「記事内容の概略を迅速に把握する目的で作られた文章で，主観的な解釈や批判を加えず，記事の重要な内容を簡潔かつ正確に記述したものをいう。」[11] といえる。抄録誌は，一次資料の書誌情報と抄録を，一定の分野別の配列に従って収録した資料のことである。本文の構成がキーワード単位での

11：文部科学省研究振興局情報課編．"2. 用語の意味 (1) 抄録"．科学技術情報流通技術基準 抄録作成 (SIST 01)．科学技術振興機構．1980-07．https://jipsti.jst.go.jp/sist/handbook/sist01/main.htm，（参照 2020-03-20）．

配列ではないという点と，抄録が収録されている点が，索引誌との相違点である。索引誌と同様，今日では印刷物は廃刊となり，データベースとしての利用が多くなっている。

　抄録はその観点からいくつかの種類に分けることができ，抄録の内容の詳細度による種類と作成者による種類に分けることができる。「SIST 01（抄録作成）」[12] では，次のように定義している。

　（a）情報の詳細度による種類（情報内容）
　　ア　指示的抄録（indicative abstract）
　　　　原記事の主題とその範囲を説明した抄録で，原記事を読む必要の有無を判断
　　　　するのに役立つように作成されたもの。
　　イ　報知的抄録（informative abstract）
　　　　原記事の内容（結果，結論を含む）を記述した抄録で，原記事を読まなくても，
　　　　内容の要点が理解できるように作成されたもの。
　（b）作成者による抄録
　　ア　著者抄録…原記事の著者によって書かれたもの。
　　イ　第三者抄録…原記事の著者以外によって書かれたもの。

　データベースに収録される抄録の種別は，その作成機関の方針による。指示的抄録を採用している場合もあれば，報知的抄録を採用している場合もある。また，第三者抄録は，一定の品質を保てるという利点があるが，第三者が抄録を作成するためにタイムラグが生じたり，抄録作成者への報酬が発生しコストがかかるなどの欠点もある。最近では著者の許諾を得て著者抄録をデータベースに収録する場合が多くなっている。

2.3　ネットワーク情報資源

　近年，国や地方自治体などの公的機関が作成した刊行物は印刷物からネットワーク情報資源に移行しており，多くの情報資源がデジタル形式で蓄積・公開されている。ここでは，ネットワークを介して提供される情報資源のことをネットワーク情報資源（networked information resources）と定義し，電子書籍，電子ジャーナル，データベース，デジタルアーカイブを中心に述べ，ネットワーク情報資源の検索と実際に活用できる情報資源の種類については，3 章「3.3 ネットワーク情報資源の種類」で述べる。

12：文部科学省研究振興局情報課編．"2. 用語の意味（1）抄録，（2）報知的抄録，（3）指示的抄録"．科学技術情報流通技術基準 抄録作成（SIST 01）．科学技術振興機構．1980–07．https://jipsti.jst.go.jp/sist/handbook/sist01/main.htm，（参照 2020–03–20）．

2.3.1　デジタルコンテンツ（digital contents）

デジタルコンテンツとは，デジタル方式で記録された情報を指す。デジタルコンテンツは，容易に劣化することなく複製できるという特徴がある。

(1)　電子書籍（electronic books，e-books）

電子書籍とは，パソコンや電子書籍専用読書端末，汎用タブレット端末，スマートフォンなどのデバイスを用いて，閲覧することができる書籍をいう。電子書籍のコンテンツには，文字以外にも静止画や音声，動画などが収録されているものもあり，なかには立体的に見える 3D（3次元）機能を搭載しているデバイスで，飛び出す絵本のように閲覧することができるコンテンツもある。これら電子書籍のコンテンツ入手方法には，ダウンロードとストリーミングがある。ダウンロードは，提供側のサーバから自分のデバイスにファイルが保存されるため，いつでもコンテンツの閲覧が可能である。一方，ストリーミングは提供側のサーバにアクセスしたときだけ，コンテンツをリアルタイムで閲覧・視聴するもので，ダウンロードと異なり，デバイスにコンテンツが残らない。

なお，電子書籍の利用にあたっては，閲覧するための多くの専用読書端末には，印刷物に似せたパラパラめくる Page Flip 機能や付箋機能，メモ機能，辞典参照機能などがついている。

電子書籍フォーマット（データ形式）には，リフロー型と固定レイアウト型（フィックス型ともいう）がある。リフロー型は電子書籍の文字サイズやデバイスの画面サイズに応じて表示サイズが自動的に調整される機能をもつ方式である。文字サイズを変更することでレイアウトやページ数が変わるため，紙の本のように固定されたページの概念をもたないものである。一方，固定レイアウト型は紙の本と同じようにそのまま文字サイズやデザインが常に保持され，レイアウトがそのまま維持されて拡大・縮小表示される方式である。リフロー型は，小説など文字中心のテキストデータが多いものには向いているが，写真や図表，イラストが多いものには向いていない。したがって，電子書籍を読む場合は，そのフォーマットに適合した閲覧用のビューアが必要となる場合がある。

電子書籍は，すでに印刷物として出版されている書籍を電子化して作成したものと，当初からデジタルデータ方式で作成されたものがある。前者には，書籍をデジタル画像として撮影したものと，すでに出版されている印刷物を OCR（optical character recognition：光学文字認識）装置により文字データを抽出して作成したものがある。後者には，ワープロソフトなどで原稿作成したものがある。前者と異なり，印刷物等のアナログ資料から作成されず，作成される（＝生まれる（born））ときからデジタルであることから，後者をボーンデジタル（born digital）のコンテンツという。

(2) 電子ジャーナル（electronic journals，e-journals）

電子ジャーナルとは，コンピュータ上で閲覧できる学術雑誌のことをいう。別名，オンラインジャーナルともいう。電子ジャーナルは，PDF や HTML 形式で提供されている。なかには音声や動画などのコンテンツを付録で提供している電子ジャーナルもある。デジタル化ゆえに，学術雑誌に掲載している引用文献リストから，別の学術雑誌を容易に参照することも可能になる。

印刷物と電子ジャーナルを両方とも出版していた場合もあったが，現在は，電子出版のみの電子ジャーナルも多数存在している。日本で出版されている電子ジャーナルのプラットフォーム[13]として，例えば，科学技術振興機構（Japan Science and Technology Agency：JST）が提供する J-STAGE がある。詳細は 3 章「3.3 ネットワーク情報資源の種類」で紹介する。

電子ジャーナルの登場によって，大学や研究機関などに所属する研究者はいつでも研究室や自宅からでも電子ジャーナルにアクセスできる環境が整い，最近では学術研究環境が大きく向上してきている。

現在，世界的に学術論文のオープンアクセス化が進んでいる。その手段として，研究者が自身の論文を自分のウェブサイトに掲載することや，大学などの機関リポジトリに登録・公開していく方法がある。機関リポジトリ（institutional repository：IR）とは，大学や研究機関に所属する教員や研究者が生産した学術論文などの学術研究成果を電子的に蓄積，保存し提供するシステムや一連のサービスのことをいう。機関リポジトリで収集している情報には，学術雑誌掲載論文，紀要，学位論文，調査報告，講演レジュメ，教材，研究成果物などがある。大学や研究機関が研究成果を公開することにより，大学の知的生産物を把握・可視化することができ，国内外に情報を発信することができる。国内の大学などがもつ機関リポジトリに蓄積されている学術情報を横断的に検索できるサービスとして，IRDB（Institutional Repositores DataBase）がある。詳細は 3 章「3.3 ネットワーク情報資源の種類」で紹介する。

2.3.2　データベース（database）

(1) データベースの定義

データベースの定義は，著作権法第二条第 1 項十の三によれば，「論文，数値，図形その他の情報の集合物であって，それらの情報を電子計算機を用いて検索することができるように体系的に構成したもの」である。

また，「JIS X 0807：1999 電子文献の引用法」では，データベースとは，「特定の規則に

13：ソフトウェアが動作するときの基盤となる OS，環境，設定などのこと（出典：現代用語の基礎知識2018．自由国民社，2018，p. 153.）。

従って電子的な形式で，一か所に蓄積されたデータの集合であって，コンピュータでアクセス可能なもの。」[14] と定義している。

　わが国のデータベースの定義によれば，電子的に蓄積されているデータや情報の集合物であることが特徴である。さらに，著作権法第十二条により，編集著作物の中にデータベースは含まれないことが重要である。

(2) データベースの種類

　データベースの種類には，2-2図に示したように，レファレンスデータベース，ファクトデータベース，マルチメディアデータベースに大別できる。レファレンスデータベースとは，一次資料（情報）にたどり着くために必要な文献の書誌事項，キーワード，抄録などを収録しているデータベースのことである。そのため，レファレンスデータベースのことを文献データベースあるいは書誌データベースともいう。

　ファクトデータベースは，事実型データベースまたはソースデータベースともいう。知りたい情報を直接収録しているため，2-2図に示したような一次情報を直接検索することができる。ファクトデータベースに収録される情報の種類には，数値情報，文字情報，画像情報，映像情報，音声情報などがある。ここでいう画像情報とは，写真やイラストなどの二次元の画像を収録したもので，博物館の収蔵品，彫刻などの立体については三次元情報として区別している。さらに，マルチメディアデータベースは，数値，文字，画像，映像，音声などを統合的に取り扱ったデータベースのことであり，今日ではマルチメディアデータベースの増加が著しい。

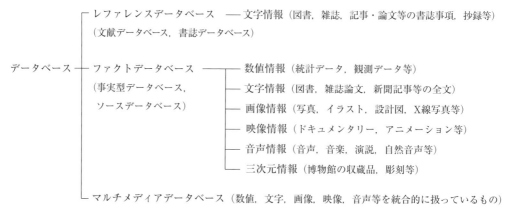

2-2図　データベースの種類

14：JIS X 0807：1999. 電子文献の引用法.

(3) データベース作成・流通機関

　契約を結べば誰でも有料で利用できる商用データベースは，それを作成する機関や企業，およびデータベースを提供する機関や企業等が介在する。データベース作成機関をデータベースプロデューサ（database producer）あるいは単にプロデューサという。データベースを作成機関に代わって提供する機関をデータベースディストリビュータ（database distributor：ディストリビュータ）またはベンダー（vendor）という。ただし，新聞社のように，データベースプロデューサとディストリビュータを兼ねている場合もある。ディストリビュータや代理店では，作成された商用データベースを広く流通させるために，企業や図書館に対して契約手続きやセミナー講習会などをデータベース作成機関に代わって実施している。代理店とは，データベースプロデューサやディストリビュータに代わって，営業活動や契約，問い合わせ対応（ヘルプデスク），文献入手などのユーザサポートなどを行う業者のことで，インフォメーションブローカー（information broker）ともいう。

2.3.3　デジタルアーカイブ（digital archive）

　デジタルアーカイブとは，「有形，無形の文化資源を電子化して保存し，インターネットを通じて利用，共有できるようにしたもの，またそのしくみ」[15] と定義される。

　欧州や米国を中心に，図書館，博物館・美術館，文書館などが保有する多様なコンテンツのメタデータをまとめて検索・利用できる統合ポータルサイトが構築されている。具体的には，Europeana（ヨーロピアーナ）やDPLA（Digital Public Library of America）がある。Europeanaではアグリゲータ[16]，DPLAではサービスハブ[17]という組織が存在し，コンテンツのメタデータの集約，拡充，推進などを担っている。デジタルアーカイブの利用促進には，クリエイティブ・コモンズ（Creative Commons：CC）を活用するなど，二次利用の条件も整備されている。クリエイティブ・コモンズについては，4章「4.3.8 クリエイティブ・コモンズ」で詳述する。

　一方，日本では国主導のポータルサイトとして，内閣府が設置した「デジタルアーカイブジャパン推進委員会及び実務者検討委員会」の方針のもと，国立国会図書館が2019年2月から試験的に運用・公開しているジャパンサーチがある。2020年8月からは，正式版として公開している。ジャパンサーチは，国内の図書館，博物館（美術館を含む），大学などで保有する書籍，文化財，メディア芸術等のメタデータをまとめて検索できる分野横断統合ポータルサイトである。なお，2–2表に国内の主なデジタルアーカイブを，2–3表に国外の主なデジタルアーカイブを示している。

15：“Ⅳ基本用語解説 デジタルアーカイブ”．図書館情報学基礎資料．今まど子，小山憲司編．第3版，樹村房，2020，p. 115.
16：アグリゲータとは，情報やコンテンツを収集・整理して利用者に提供する事業者のことである。
17：サービスハブとは，米国の州単位で複数機関のデータを集約する連携先のことである。.

2-2表　国内の主なデジタルアーカイブ

アーカイブ名	特　　徴
国立国会図書館デジタルコレクション	国立国会図書館で収集・保存しているデジタル資料を検索，閲覧できるサービス。
国立国会図書館インターネット資料収集保存事業（WARP）	日本国内の国，地方公共団体，大学法人など公的機関のウェブサイトを中心に収集，保存，提供しているサービス。
科学映像館	科学映像館が提供する原版フィルムから高画質デジタル化を行い，科学映像をインターネットで無料配信しているサイト。
文化遺産オンライン	文化庁が運営する日本国内の博物館（美術館を含む）等で収蔵している文化遺産についてのポータルサイト。技術協力は国立情報学研究所。
国立国会図書館東日本大震災アーカイブ（ひなぎく）	公的機関や報道機関等の東日本大震災に関する音声・動画，写真，ウェブ情報等のデジタルデータや，関連する文献情報を一元的に検索・活用できるポータルサイト。
ジャパンサーチ	国内の図書館，博物館（美術館を含む），大学などで保有する書籍，文化財，メディア芸術等のメタデータをまとめて検索できる分野横断統合ポータルサイト。

2-3表　国外の主なデジタルアーカイブ

アーカイブ名	特　　徴
Wayback Machine	Internet Archive が収集した世界のウェブページを保存，提供している。1996 年以降の過去のウェブサイト，ウェブページを検索することができる。現在では，電子書籍，動画，音源なども収集している。
HathiTrust Digital Library（ハーティトラスト）	2008年，米国の大学図書館が協同で運営する書籍を中心としたデジタルアーカイブ。図書館や主要な研究機関とパートナーシップで文化記録を収集，保存，提供している大規模共同リポジトリサイトである。図書館自身による遡及デジタルコンテンツだけでなく，Google Books や Internet Archive などのコンテンツを含む。
Europeana（ヨーロピアーナ）	欧州の文化遺産を保存するために EU 内にある図書館や博物館（美術館を含む），文書館等が保有する電子化資料の統合検索ができるポータルサイト。
DPLA（Digital Public Library of America）	米国各地の図書館や博物館（美術館を含む），文書館等がもつデジタルコンテンツを制限なく，誰もが，無料でアクセスできるようにしたポータルサイト。日本語では，米国デジタル公共図書館と呼ばれている。

2.3.4　ポータルサイト（portal site）

　ポータルサイトとは，「インターネット上のさまざまな情報やサービスにアクセスするための入り口として機能するウェブサイト，サービス」[18] のことである。現在，Google，Yahoo! JAPAN，goo などの検索エンジンは，検索エンジンとしての機能だけでなく，ニュースや地図など，さまざまな情報へのポータルサイトになっている。科学技術分野の

研究活動に役立つポータルサイトの例として，科学技術振興機構（JST）が提供するJ–GLOBALがある。J–GLOBALでは，科学技術用語，研究者，機関，文献，特許，遺伝子，研究資源などの科学技術分野の情報を検索することができる。詳細は3章「3.3ネットワーク情報資源の種類」で紹介する。

2.4 情報資源の組織化

　情報資源組織化の目的は，収集した情報資源を利用者の求めに応じて速やかに提供できるようにすることである。図書館では所蔵資料を検索する仕組みとして目録を用意し，同時に書架に配架[19]したり，キーワードによらずに類似の資料を検索したりできる仕組みとして分類付与を行っている。また，図書館やデータベース作成機関では，件名標目表あるいはシソーラスを用いて索引作業を行い，自然語だけでなく統制語も使用した検索ができるようにしている場合がある。

2.4.1　目録と目録法

　目録（catalog）とは，書名，著者・編者等，版表示，出版者，出版年などの書誌情報とその資料の所在を示した所在情報をあわせもったものをいう。図書館における目録形態には，大きく冊子目録，カード目録，コンピュータ目録に分けることができ，現在はコンピュータ目録が主流である。JAPAN/MARCについては，本章2.2.2「(1) 書誌」で述べたとおりである。わが国の多くの公共図書館が，図書館流通センターが作成するTRC MARCを利用してOPACを提供している。一方，大学図書館は国立情報学研究所が提供するNACSIS–CATを通じて，共同目録作業（分担目録作業ともいう）を行い，全国の大学図書館の総合目録を維持・形成している。

　書誌作成機関が目録を作成する場合は，書誌情報の一貫性を保つために定められた目録規則に沿って作業を行う。日本国内で標準的に使用されている目録規則には，『日本目録規則』（Nippon Cataloging Rules：NCR）がある。一方，ネットワーク情報資源を記述する場合は，書誌情報以外のウェブ特有の属性を記録するメタデータ付与が行われている。

(1) 典拠コントロール

　典拠コントロール（authority control）とは，「書誌的記録（書誌レコード）の標目となる個人名，団体名，統一タイトル，シリーズ名，件名などの典拠系を定め，それらが一貫

18：“ポータルサイト”．図書館情報学用語辞典．日本図書館情報学会用語辞典編集委員会編．第4版，丸善出版，2013，p.230.
19：図書館情報学では排架と記載するが，本書では配架と記載する。

して使用されるよう維持管理すること」[20] である。典拠系を記録するために，典拠レコード（authority record）があり，個々の典拠レコードを収録したものとして典拠ファイル（authority file）がある。なお，典拠レコードは，「統一標目，参考資料名，参照などから構成される個々の記録」[21] と定義される。一方，典拠ファイルとは，「書誌情報の標目として使われる著者名，件名，統一タイトルで，その形式が確定され，必要な参照が付された語句の一覧表」[22] といえる。なお現在，標目はアクセスポイントといわれる。

　作成された典拠レコードは書誌レコードとリンクで結び管理している。その結果，異なる表記や同義語，同じ著者が書いた著作の集中管理が行えるようになり，検索に役立てることができるようになる。典拠レコードは，国立国会図書館（NDL）や NACSIS-CAT に加盟している大学図書館などの書誌作成機関において作成されている。国立国会図書館が作成している典拠データには，Web NDL Authorities がある。詳細は，3章「3.3 ネットワーク情報資源の種類」で紹介する。

(2) 書誌ユーティリティ

　書誌ユーティリティ（bibliographic utility）とは，『図書館情報学用語辞典』によると，「多数の参加機関によるオンライン分担目録作業を目的として形成された組織」[23] のことをいう。また，『図書館情報学基礎資料』の基本用語解説によると，「共同書誌データベースに蓄積された書誌情報を，コンピュータネットワークを通じて，多数での共同利用を可能とするネットワークサービス，あるいはそれを提供する組織」[24] と定義されている。代表的な書誌ユーティリティとして，米国の OCLC や日本の国立情報学研究所がある。

　インターネットがなかった時代は，同一資料に対して図書館ごとに目録を作成していた。しかし，ネットワーク化が実現し NACSIS-CAT による共同目録作業では，最初に受け入れた図書館で作成した目録情報を全加盟館で共有することができ，基本的に目録作成は1回で済むようになった。作成された書誌データは，各参加機関の共有の財産となる。作成された書誌データは，CiNii Books として無料公開されている。一方，国立国会図書館のJAPAN/MARCや図書館流通センター作成のTRC MARCは，代表的な機関が目録を集中して作成することから集中目録作業と呼んでいる。

20：“典拠コントロール”. 図書館情報学用語辞典. 日本図書館情報学用語辞典編集委員会編. 第4版, 丸善出版, 2013, p.163.
21：“典拠レコード”. 図書館情報学用語辞典. 日本図書館情報学用語辞典編集委員会編. 第4版, 丸善出版, 2013, p.164.
22：“Ⅳ基本用語解説 典拠ファイル”. 図書館情報学基礎資料. 今まど子, 小山憲司編. 第3版, 樹村房, 2020, p.116.
23：“書誌ユーティリティ”. 図書館情報学用語辞典. 日本図書館情報学用語辞典編集委員会編. 第4版, 丸善出版, 2013, p.163.
24：“Ⅳ基本用語解説 書誌ユーティリティ”. 図書館情報学基礎資料. 今まど子, 小山憲司編. 第3版, 樹村房, 2020, p.109.

(3) メタデータ

　メタデータ（metadata）とは,「JIS X 0902-1：2005」によると,「記録のコンテキスト（背景・状況・環境）,内容,構造,及びある期間の記録の管理について説明したデータ。」[25]と定義されている。また,『図書館情報学基礎資料』の基本用語解説によると,「データについての（構造化された）データのこと。主として,インターネット上の情報資源を記述するものとして用いられるが,図書館が扱う図書や雑誌などの記録情報に関するデータ（書誌情報など）も広くメタデータとして扱われている」[26]と定義されている。従来,図書であれば,タイトル,著者,版表示,出版者,出版年といった書誌情報を記述していたが,インターネット上の情報資源では,上記書誌事項では識別が難しく効果的な検索ができない。それらを効果的に検索するためにも,その情報の属性や相互の関連,特性などを記述し,識別することが重要になる。また,コンピュータに意味を認識させるためには共通の語彙が必要である。これらのデータの記述要素を共通化させたのが,ダブリンコア・メタデータ・イニシアチブ（Dublin Core Metadata Initiative：DCMI）によって開発されたダブリンコア（Dublin Core）である。ダブリンコアはメタデータを記述する際の語彙の総称のことで,15の基本記述要素からなる「ダブリンコアメタデータ基本記述要素集合（The Dublin Core metadata element set：DCMES）」や55要素からなる「DCMIメタデー

2-4表　メタデータ15の基本記述要素（JIS X 0836：2005に準拠）

基本記述要素名	表示名	定義
Title	タイトル	情報資源に与えられた名称
Creator	作成者	情報資源の内容の作成に主たる責任をもつ実体
Subject	キーワード	情報資源の内容のトピック
Description	内容記述	情報資源の内容の説明・記述
Publisher	公開者	情報資源を公開することに対して責任をもつ実体
Contributor	寄与者	情報資源の内容に何らかの寄与、貢献をした実体
Date	日付	情報資源のライフサイクルにおけるなんらかの事象の日付
Type	資源タイプ	情報資源の内容の性質又はジャンル
Format	記録形式	情報資源の物理的形態又はディジタル形態での表現形式
Identifier	資源識別子	当該情報資源を一意に特定するための識別子
Source	出処	当該情報資源が作り出される源になった情報資源への参照
Language	言語	当該情報資源の知的内容を表す言語
Relation	関係	関連情報資源への参照
Coverage	時空間範囲	情報資源の内容が表す範囲又は領域
Rights	権利管理	情報資源に含まれる、又はかかわる権利に関する情報

25：JIS X 0902-1：2005. 情報及びドキュメンテーション-記録管理-第1部：総説. 3.12 メタデータ（metadata）
26："Ⅳ基本用語解説　メタデータ". 図書館情報学基礎資料. 今まど子,小山憲司編. 第3版,樹村房,2020,
　　p.127.

タ語彙（DCMI Metadata Terms）」がある。DCMESは，2003年に国際規格（ISO 15836：2003）となり，日本においてはその内容を変更することなく，「JIS X 0836：2005」として制定されている。2-4表は，このJISに準拠し[27]，15の基本記述要素名，表示名，定義をまとめたものである。

(4) 国際的な標準と日本目録規則

　書誌情報を流通・効率的に検索できるように，国の垣根を越えて，標準的な規則が存在する。図書館に関わる国際的な標準や規則を策定・推進する組織として，国際図書館連盟（International Federation of Library Associations and Institutions：IFLA）がある。

　IFLAを中心として，著者を基本とする基本記入の原則を打ち出した「パリ原則（1961年）」や2009年パリ原則を見直した，「書誌レコードの機能要件（Functional Requirements for Bibliographic Records：FRBR）」「典拠データの機能要件（Functional Requirements for Authority Data：FRAD）」を導入した「国際目録原則覚書（2009年）」など，これまで国際的な目録の統一が図られてきた。その動向にしたがって，各国で目録規則が作成され，改訂作業が行われている。米国では『英米目録規則第2版』（Anglo-American Cataloging Rules, second edition：AACR2）の後継として，『RDA（Resource Description and Access：資源の記述とアクセス）』が誕生した。RDAは，書誌レコードの機能要件（FRBR）および典拠データの機能要件（FRAD）を基盤として，利用者の視点から従来の目録法の見直しを図り，情報資源を視野に入れた目録規則となっている。また，RDAは事実上，目録の国際標準として位置づけられている。

　日本では，これらの国際的な流れと国内の状況に配慮しつつ，国立国会図書館（NDL）と日本図書館協会（Japan Library Association：JLA）が連携し，2018年12月，『日本目録規則2018年版』が刊行され，2019年1月にはPDF版も公開された。

2.4.2　分類と分類法

　分類（classification）とは，「多くの事物を，その性質の類似性に応じて類別すること。図書館における分類は，資料とそれに関する主題情報を，その主題と形式の類似性に基づいて類別し体系的に配列することにより，資料の系統的な利用の効率を高める技術である。」[28]と定義される。

　分類法（classification）とは，「クラスおよびクラス間の関係性を認識する過程としての分類，資料に対して分類記号を付与する分類作業，および分類記号を与える基礎となる分類表，これらを総合的に把握する方法をいう。」[29]と定義される。本書では，分類の方法や

27：JIS X 0836:2005. ダブリンコアメタデータ基本記述要素集合.
28：日本図書館協会分類委員会. 日本十進分類法. 新訂10版, 相関索引・使用法編, 日本図書館協会, p.304.

考え方を分類法とし，分類付与するための作業ツールを分類表と定義する。

(1) 主な分類法

■1書誌分類法と書架分類法　　書誌分類法とは，検索の便宜上に必要な複数の主題を付与する分類法のことである。書架分類法とは，書架に配架するために主題を一つ決め配架する分類法のことである。

■2標準分類法と一館分類法　　標準分類法とは，多くの図書館で共通に使用されている分類法のことで，一館分類法とは，自館の図書館だけに使用されている分類法のことをいう。

■3列挙型分類法と分析合成型分類法　　列挙型分類法とは，上位概念から下位概念に展開されていく分類体系で，主題を表す分類項目を可能な限り列挙した分類法のことである。一方，分析合成型分類法とは，主題概念をいくつかのファセットに分析・抽出し，それらの記号を組み合わせて分類する分類法のことをいう。

(2) 主な分類表

■1日本十進分類法（Nippon Decimal Classification：NDC）　　1928年に森清が，デューイ十進分類法（Dewey Decimal Classification：DDC）と展開分類法（Expansive Classification：EC）を参考に作成したもので，日本の多くの図書館で採用している標準分類法である。1929年に初版を刊行している。

■2国立国会図書館分類表（National Diet Library Classification：NDLC）　　国立国会図書館が自館の蔵書の分類および配架のために使用している分類表である。1963～1967年に，閉架式書庫内の配架を目的として作成された。国立国会図書館は，立法活動に必要な政治・法律・行政資料を重点的に収集しているため，その蔵書構成に適合する分類体系が必要とされた。この分類法は，アルファベットと数字を組み合わせた非十進分類法であると同時に，一館分類法でもある。

■3デューイ十進分類法（Dewey Decimal Classification：DDC）　　1876年にメルヴィル・デューイ（Melvil Dewey）が発表した分類法で，全知識を9区分し，さらに「0」の総記を加え，アラビア数字のみを用いた十進分類法である。世界的に普及している標準分類法である。

■4国際十進分類法（Universal Decimal Classification：UDC）　　ポール・マリー・ギスラン・オトレ（Paul Marie Ghislain Otlet）とアンリ＝マリー・ラ・フォンテーヌ（Henri-Marie La Fontaine）がDDC5版を基礎に発案し，両者が設立した国際書誌学会から発表した標準分類法である。1905年に初版（フランス語版）を刊行している。

29：“分類法”. 図書館情報学用語辞典. 日本図書館情報学会用語辞典編集委員会編. 第4版, 丸善出版, 2013, p. 224.

2.4.3　件名標目表とシソーラス

(1) 件名標目表

　件名標目（subject heading）とは，言葉を主題で検索するときの統制語のことで，その統制語を集めて一覧できるように，件名標目を五十音順あるいはアルファベット順に並べたものが，件名標目表である。件名標目表（subject headings）では，優先語として選ばれた言葉を件名標目とし，優先語として選ばれなかった言葉を参照語とし，音順に配列している。参照語として採用されているのは，優先語として選ばれた言葉の同義語や類義語である。

　件名標目表は，情報検索でキーワードから目的の情報を探すために使用するためのものであるという点ではシソーラスと同じであるが，件名標目表は扱っている主題分野が全般にわたっているところにシソーラスとの違いがある。件名標目を与えるためにわが国で使用されている主要な件名標目表を以下に示す。

■1基本件名標目表（Basic Subject Headings：BSH）　初版は 1956 年に日本図書館協会が編集・刊行したもので，日本の図書館の目録作成時に採用されている件名標目表である。

```
カジュ　果樹*　⑧ 625　⑨ 625
　　　　　UF：くだもの
　　　　　TT：園芸 17. 農業 197
　　　　　BT：園芸植物. 作物
　　　　　NT：いちご. うめ. かき（柿）. 柑橘類. きいちご. キウイフルーツ. くり. さ
　　　　　　　くらんぼ. ざくろ. バナナ. ぶどう. ブルーベリー. もも（桃）. りんご
　　　　　SA：その他個々の果樹名も件名標目となる。
```

2-3 図　『基本件名標目表』第 4 版　果樹の例

（出典：日本図書館協会件名標目委員会編. 基本件名標目表. 第 4 版, 日本図書館協会, 1999, p. 131）

2-5 表　『基本件名標目表』第 4 版で使用される記号の意味

記号	意味
SN（Scope Note）	限定注記
UF（Use For）	直接参照あり（を見よ参照あり）
TT（Top Term）	最上位標目
BT（Broader Term）	上位標目
NT（Narrower Term）	下位標目
RT（Related Term）	関連標目
SA（See Also）	参照注記

TRC MARCでも採用している。最新版は1999年に刊行された第4版で，第4版から参照表現にシソーラス構造を取り入れている。2-3図は，「果樹」の例である。使用されている記号については，2-5表に示した。

2 国立国会図書館件名標目表（National Diet Library Subject Headings：NDLSH）
1964年に国立国会図書館で作成された件名標目表である。1964年の初版から1991年の第5版までは印刷物で刊行された。2005年からPDF形式，2010年からウェブ版，2011年からは，国立国会図書館典拠データ検索・提供サービス（Web NDL Authorities）で，提供されている。

(2) シソーラス

　シソーラス（thesaurus）とは，統制語をはじめ，それに関わる同義語・類義語，上位語・下位語の階層関係などが整理された統制語彙のことである。シソーラスでは，見出し語に採用されている統制語のことをディスクリプタ（優先語という意味）といい，見出し語として採用されなかった同義語・類義語のことを非ディスクリプタ（非優先語）と呼んでいる。商用データベースを対象として情報検索を行う場合，そのデータベースに対してシソーラスを使用した索引語付与が行われていれば，検索するときにシソーラスを参照して，必ずディスクリプタを検索語として使用する必要がある。ディスクリプタに下位語が存在すれば，その下位語を含めた検索も可能となり，検索漏れの少ない検索が可能となる。

　シソーラスは件名標目表と異なり，対象とする主題分野が限定されている場合が多い。以下の例にみるように，科学技術用語，医学用語というように主題分野が限定されている。『日経シソーラス』は，新聞記事を対象として索引作業を行うためのシソーラスであるため，主題分野は広いが，新聞記事によく出現する用語を対象としているという点で件名標目表とは異なっている。

　わが国の主なシソーラスとして，『日経シソーラス』のほか，科学技術用語を収録した『JST科学技術用語シソーラス』，医学用語に特化した『医学用語シソーラス』がある。『日経シソーラス』は，日経四紙［日本経済新聞，日経産業新聞，日経MJ（流通新聞)，日経金融新聞（2008年1月31日で休刊)］に対して使用されているシソーラスである。『JST科学技術用語シソーラス』は，JDreamⅢで検索できるJSTPlusやJMEDPlusで使用されているシソーラスである。これらのシソーラスを使用して，データベースに収録する新聞記事や学術論文1件ずつに人手による索引語付与作業が行われている。この索引語は検索時には検索語として検索者が利用できる。これらのシソーラスは検索中にオンラインシソーラスとして参照できる機能が各情報検索システム（日経テレコン，JDreamⅢ，医中誌Web）に用意されている。

　2-4図に，『日経シソーラス』における"果物"の例を示した。階層関係を「・」（中点）の数で示している。上位語である「果物」で検索すると，「果物」の索引語を含む記事以外

```
┌─────────────────────────────────┐
│ 【分野一覧】                     │
│ 食品 ［E］　←大分類             │
│ 農産食品 ［EB］　←中分類        │
│ 果物                             │
│ 　・アンズ                       │
│ 　・イチゴ                       │
│ 　・梅                           │
│ 　・オリーブ                     │
│ 　・柿                           │
│ 　・かんきつ類                   │
│ 　・・伊予カン                   │
│ 　・・オレンジ                   │
│ 　・・・バレンシアオレンジ       │
│ 　・・カボス                     │
│ （以下省略）                     │
└─────────────────────────────────┘
```

2-4 図　『日経シソーラス』の例

に，「アンズ」や「イチゴ」，「梅」「オリーブ」「柿」「かんきつ類」「伊予カン」「オレンジ」などの下位語で索引された記事も検索される。

2.4.4　情報資源の識別子

(1) ISBN，日本図書コード，書籍 JAN コード

　ISBN（International Standard Book Number：国際標準図書番号）とは，図書に付与される 13 桁からなる国際的な識別コードのことである。一般に書籍と認識されるもの（年鑑・年報・新聞縮刷版を含む），コミック・ムック，マイクロフィルム・点字図書，カセット・ビデオ・CD-ROM・DVD などの電子出版物（映画・音楽は対象外），電子書籍（ISO 規格の付与対象外を除く）などに付与される[30]。世界中で同じ ISBN をもつ書籍が存在しないため，固有の番号をつけることによって，出版流通や読者への対応にも迅速に応えることができる。わが国は，1981(昭和 56)年から新刊書への ISBN 付与表記が始まった。現在では，書店流通のほぼ 100% の書籍に ISBN 表記が普及している[31]。

　ISBN は，「ISO 2108：2017 Information and documentation--International Standard Book Number（ISBN）」で管理される国際規格である。2007 年 1 月 1 日からは，英語圏の桁数の枯渇により 10 桁から 13 桁に桁数を増やすことになった。国内規格では「JIS X

30：日本図書コード管理センター. ISBN コード／日本図書コード／書籍 JAN コード利用の手引き. 2010 年版. 2010．p. 6.

31：前掲注 30，p. 8.

ISBN978-4-88367-340-7

C3000　￥1800E

9784883673407

定価：本体1,800円(税別)

1923000018006

2-5 図　本書の ISBN コード，日本図書コード，書籍 JAN コードの例

0305：1999 国際標準図書番号（ISBN）」があったが，2007 年 1 月から 13 桁に変更された
ため，JIS も改訂されて，「JIS X 0305：2020 国際標準図書番号（ISBN）」が 2020 年に刊
行された。

　なお，ISBN については，ロンドンに事務所を置く ISBN 国際本部が定めたルール（ISO
規格）に従って運用し，日本では日本出版インフラセンターの下部組織である日本図書
コード管理センターが出版者記号の運用管理を行っている。

a.　ISBN コード

　ISBN コードは，数字 13 桁（接頭数字，国記号，出版者記号，書名記号，チェック数字
の五つの組み合わせ）で構成され，冒頭に「ISBN」4 文字をつけた形で示される（2-5 図参
照）。接頭数字は，国に関わらず図書を意味する 978 が使用されている。国記号の 4 は，日
本を意味しており，日本で出版された図書は言語に関わらず 4 が付与される。出版者記号
と書名記号は，合わせて 8 桁から成り，両記号の間にハイフンが使用される。検索のとき
は，ハイフンを取って 13 桁の数字を入力する完全一致検索を行うシステムが多いが，出版
書誌データベース（Books）では ISBN の前方一致検索ができる。出版点数の多い 20 団体
は出版者記号が 2 桁であるが，その他の出版者の出版者記号は 3 桁から 6 桁までとなって
いる。出版者記号の桁によって，ISBN 国際本部運営費分担金が異なり，桁が短いほど分
担金は高い。2-5 図は，本書の ISBN コード，日本図書コード，書籍 JAN コードを示して
いる。なお，本書は第 2 版であるため，初版の ISBN コード（ISBN978-4-88367-308-7）
とは書名記号とチェック数字が異なっている。このように，版が変わると ISBN コードも
変わる。ちなみに，増刷のように刷が変わった場合は ISBN コードは変更されない。

b.　日本図書コード

　日本図書コードは，ISBN コードと，図書分類，税抜き本体価格を表したものである。
図書分類は，C と 4 桁からなるコードで C コードともいう。4 桁の内訳は，左から販売対
象，発行形態，分類コード（2 桁）である。C3000 の 3 は販売対象が専門という意味で，次
の 0 は発行形態が単行本であることを意味する。最後の 2 桁は内容の主題による分類を表
すコードで 00 は総記を意味する。図書館学分野の単行本の場合，C3000 が多いのはこのた

めである。

c. 書籍 JAN コード

　日本図書コードを2段のバーコードで示したものが書籍 JAN コードで，その内容は日本
図書コードの内容と同じである。出版業界では，POS（point of sale：販売時点情報管理）
システムに書籍 JAN コードを使って，発注や在庫管理などを行っている。書籍 JAN コー
ドは，一般的にカバージャケット裏に記載される。一般に市販する書籍には，原則「日本
図書コード」と「書籍 JAN コード」の両方が必要である。

(2) ISSN

　ISSN（International Standard Serial Number：国際標準逐次刊行物番号）とは，逐次刊
行物を識別するために，「ISO 3297:2017 Information and documentation--International
standard serial number（ISSN）」で管理される国際的な識別コードのことである。国内
規格では，「JIS X 0306:2012 国際標準逐次刊行物番号（ISSN）」がある。日本では国立国
会図書館が ISSN 日本センターとして，ISSN の維持・管理を行っている。日本国内で発行
された雑誌や新聞などの逐次刊行物，パッケージ系電子出版物，オンラインジャーナル，
データベースなど一定の条件を満たせば，ISSN を付与することができる。ただし，オン
ライン版と印刷版の両方を発行している場合は，メディアによって ISSN は異なる。ISSN

2-6 図　ISSN の表示例『情報の科学と技術』（情報科学技術協会発行）

は，一般雑誌よりも学術雑誌に付与されており，雑誌の検索に利用できる。

　しかし，雑誌の誌名変更があれば，ISSN も変わる。ISBN のように数字に意味はもたないため，ISSN で検索する際は，事前に誌名変更があったかどうかの確認が必要である。確認するためには，CiNii Books（雑誌変遷マップ ID をクリックする），『雑誌新聞総かたろぐ』（印刷物のみ，2019 年版までで休刊），Ulrich's Periodicals Directory（印刷版，2020 年版で終刊）あるいは Ulrichsweb（有料データベース）が利用できる。2-6 図に示したように，情報科学技術協会発行の『情報の科学と技術』印刷版の ISSN は，0913-3801 であり，オンライン版（電子ジャーナル）の ISSN は，2189-8278 である。ISSN は 2-6 図に示したように，印刷版の表紙の右上の位置に記載される。このように ISSN は印刷物と電子版というように同一雑誌でも収録メディアが異なると ISSN のコード番号も異なる。ISSN は，8 桁であるが「4 桁-4 桁」で表示される。なお，最後の数字はチェック数字である。検索のときは，多くの場合でハイフンを取って 8 桁の数字を入力する。

(3) DOI

　ネットワーク情報資源では，URL のリンク切れなどの理由で永続的な管理が難しい。DOI（digital object identifier：デジタルオブジェクト識別子）とは，ネットワーク上のデジタルコンテンツに永久的に使用できる国際的な識別子のことで，「ISO 26324:2012 Information and documentation--Digital object identifier system」で標準化された国際規格である。DOI の役割は，コンテンツの所在を URL に変換する仕組みをもっており，リンク切れなどが起こらないように恒久的なアクセスを保障することにある。公式登録機関として，国際 DOI 財団（International DOI Foundation：IDF）から認可された 10 機関の一つに米国の非営利会員制をとる Crossref[32] がある。Crossref は，2000 年に引用文献のリンクの手段として DOI 登録を開始した。日本では，国立国会図書館（NDL），国立情報学研究所（NII），科学技術振興機構（JST），物質・材料研究機構（NIMS）の 4 機関が共同運営体となってジャパンリンクセンター（Japan Link Center：JaLC）を 2012 年に設立した。DOI 登録機関に認定された国内唯一の機関である。DOI は，各機関が申請後に与えられる固有の番号 prefix（プレフィックス）と各機関が独自に発行する suffix（サフィックス）で成り立っており，先頭に「https://doi.org/」を付けると URL として機能する。2-7 図は，J-STAGE の検索結果の DOI の表示例を示している。『情報の科学と技術』に掲載された原田智子が書いた記事に付与された DOI の例である。この事例では，DOI は以下のように表示されている。「https://doi.org/」の次の「10.18919」が prefix であり，情報科学技術協会を意味する。そして「スラッシュ」の後の「jkg.61.4_168」はこの記事に与えられた suffix である。

32：正しくは Crossref であるが，CrossRef という表記も多く見られる。

2-7 図　DOI の表示例

2.5　情報サービス機関と情報サービス

2.5.1　図書館における情報サービス

　情報サービスは，情報ニーズをもった利用者に対して，情報提供するサービス全般に用いる言葉として使用されている。ここでは図書館で提供されている情報サービスを中心に説明する。情報サービスには，利用者のニーズがあってはじめてサービスがなされる受動的サービスと，図書館側から積極的に利用者に情報を提供する能動的サービスに分けることができる。

(1) 受動的サービス

　情報サービスの代表的なサービスとして，レファレンスサービスがある。レファレンスサービスは，図書館員が図書館に所蔵している資料や図書館がアクセスできる情報資源を用いて，利用者からの質問に対して回答する援助的サービスのことである。レファレンス

の回答は，回答の出典根拠や資料をもって提示することが原則である。

　最近の公共図書館は，電子メールやウェブフォームへの記載などによるデジタルレファレンスサービスも行っている。デジタルレファレンスは，当該自治体に住んでいる人（通勤者・通学者を含む）はもちろん，その地域以外の人もサービスを受けることができる。ただし，地域外の利用者には郷土資料やその地域に関するレファレンス質問に限定して受け付けている場合が多い。

　公共図書館，大学図書館，専門図書館，学校図書館，国立国会図書館が，実際に受付して処理したレファレンス質問，回答，回答プロセス，参考資料，キーワード等の記録内容をウェブ上に公開しているのがレファレンス協同データベースである。レファレンス協同データベースは，国立国会図書館が2002年に実験事業として開始し，全国の図書館と協力してレファレンス記録を図書館同士や利用者と共有するものである。レファレンス記録票は各図書館が入力し，国立国会図書館が管理・運営している。さまざまな項目から検索することができ，類似のレファレンス質問について，利用した情報資源や回答を見ることができる。

　レファレンスサービスを行うなかで，利用者の必要とする情報が自館にない場合もある。そのような場合は，利用者の情報ニーズを満たせる他の図書館またはそのことに詳しい専門情報機関や専門家を紹介する。このようなサービスをレフェラルサービス（referral service）と呼んでいる。

(2) 能動的サービス

　図書館は利用者が来館してサービスを受ける受動的サービスだけを行っているわけではなく，今日では図書館自らがウェブサイトから情報発信も積極的に行っている。これを能動的サービスと呼んでいる。ここでは，従来からのサービスであるカレントアウェアネスサービス，パスファインダーの提供，および最近のサービスであるSNSを活用した情報発信サービスについて述べる。

　カレントアウェアネスサービス（current awareness service）とは，最新の情報を継続的に図書館から利用者へ提供するサービスのことである。カレントアウェアネスサービスは，コンテンツサービスとSDIサービスに分けることができる。コンテンツサービス（contents service）とは，雑誌の最新号の目次情報を提供するサービスのことである。SDIとは，selective dissemination of information の略語で選択的情報提供あるいは情報の選択的提供という。SDIサービス（SDI service）とは，利用者があらかじめ興味あるテーマや雑誌名を図書館側に知らせておくと，新しい雑誌を受け入れたり，データベースの情報が更新されたりした際に，利用者にメールなどで該当する最新情報を提供するサービスのことである。図書館では，新着図書や雑誌を中心に定期的にメールでお知らせするアラートサービスとしても定着している。

　パスファインダー（pathfinder）とは，利用者自身が特定のテーマや主題について調べたい場合に，その図書館が所蔵している情報資源や探索方法を簡潔にまとめた1枚のリーフレットのことである。図書館に来館する利用者はリーフレットを手に取ることができるが，非来館者にとっては目にすることができない。そこで，現在では図書館のレファレンスサービスのウェブページから電子パスファインダーを公開している図書館が多くなっている。これらのパスファインダーは利用者のみならず，他館の図書館員にも参考になるものが多い。電子パスファインダーではページに制限がないため，詳しいものもある。

　最近ではFacebookやTwitterなどのSNS（social networking service：ソーシャルネットワーキングサービス）を使って，図書館に関する案内や行事・サービス，緊急のお知らせなどの情報発信を行っているところが増えている。SNSは双方向性のコミュニケーションがとれるため，利用者の気持ちや要望などをうかがい知ることができる特徴がある。

　なお，図書館ではレファレンスサービスを中心に，情報提供サービスを専門とする図書館員をレファレンスライブラリアン（reference librarian）という。今日では，レファレンスライブラリアンもデータベースやネットワーク情報資源を利活用するための検索能力が必須であり，今まで以上にその検索能力が求められている。その意味でも，検索技術者検定の資格は，司書プラスアルファの資格として図書館の仕事をする上で役立つものといえる。

2.5.2　日本の主な情報サービス機関と情報サービス

　情報サービス機関とは，国内外のさまざまな情報資源を収集し，整理し，利用しやすいように加工して，データベースなどを作成し，情報提供を行っている社会的機関の一種である。

　すでに本章で述べてきたように，わが国では，国立情報学研究所（NII）が学問分野の全分野をカバーしており，データベースの構築や維持管理，提供を担っている。CiNii BooksやCiNii Articles，CiNii Dissertationsなどをはじめとする無料のデータベースを構築して公開している。さらにさまざまな情報サービスに関連するシステムの開発や研究を行う研究機関でもある。科学技術分野では，科学技術振興機構（JST）が国内外の科学技術資料を収集，提供しデータベースの作成やさまざまな研究開発を行っている。日本文学の分野では国文学研究資料館（National Institute of Japanese Literature：NIJL）が，古典籍から現代の日本文学までのさまざまな資料およびその関連資料を集積してデータベースを作成・提供している。さらにそれらに基づく先進的な共同研究を推進する日本文学の基盤的な総合研究機関としての役割を担っている。なお，国立国会図書館（NDL）はわが国で唯一の国立図書館であるが，現在では印刷物中心の時代の図書館としての役割や機能を超えて，所蔵資料の電子化も含めてさまざまな情報サービスを提供しており，国の情報センターとしての役割や貢献も大きくなっている。

　なお，これらの情報サービス機関が作成・提供している主なネットワーク情報資源については，3章「3.3 ネットワーク情報資源の種類」で紹介する。

2.5.3 　情報サービスを担うインフォプロ

　インフォプロ（information professional：インフォメーションプロフェッショナルの略称，情報専門家という意味）とは，主に企業内の企業図書館や情報管理部門などで働く情報検索の専門家のことで，過去にはサーチャー（searcher）と呼ばれていた。しかし，今日では情報サービスに関わる人々は，図書館や企業の情報管理部門だけではなく，情報サービスの範囲が広がるにつれて情報サービスに関わる人々は増えている。そのため，その業務で扱う情報の広さや深さなどは多種多様である。ここでは，企業内サーチャーから進化してきたインフォプロについて述べる。

　インフォプロの具体的業務は，情報資源の収集・整理，企業内の代行検索，得られた情報の分析・加工，必要な情報を必要な部署へ届ける情報発信サービス，情報活用のコンサルタント，情報通信技術（information and communication technology：ICT）の整備などがある。企業の中でも特に特許やバイオ・医療などの分野は絶えず進化し・競争が激しい。これに対応するためにも，国内外から収集した情報を組織内で蓄積・共有し，効果的な事業の企画立案につなげていく役割が期待されている。企業が効率的に情報を収集・問題解決していく上で，インフォプロの役割は大きい。そのために，情報専門家であるインフォプロが身につけるべき知識や技術（スキル）には，主に次のようなものが挙げられる。

1 情報に対する高度なセンス
　　①伝統的な情報技術の習熟……特に主題分析能力（分類作成，索引作成，抄録作成）
　　②ネットワーク情報資源の活用能力……データベースやネットワーク情報資源に関する知識，情報検索技術
　　③情報発信技術能力……データベース構築，ウェブページ製作，論文執筆
　　④知的財産権，情報倫理に関する習熟……著作権，産業財産権に関する知識，情報セキュリティなどに関する知識と技術
　　⑤情報通信技術（ICT）に関する知識やスキル
2 コミュニケーション能力　　依頼者（利用者），同僚，研究仲間との人的ネットワークの形成・維持。
3 利用教育と指導能力
4 組織の一員としての問題解決能力
5 急激な環境変化に対応できる柔軟性
6 明確なコスト意識
7 専門分野の知識と技術の獲得　　インフォプロは業務として仕事を行う際に，自分の得

意分野をもっていることが一つの強みになる。大学等で学んだ分野や，自分が所属する機関での専門分野でもよい。専門分野に関する深い知識は，仕事を通じて現場におけるOJT（on the job training）によってスキルアップしていく必要がある。

　今日，大学院における社会人の受け入れ体制の促進やリカレント教育など，仕事をしながら継続的に勉強する機会は増えている。情報サービスに関する知識やスキルの向上と，主題専門分野の知識や技術の獲得という両輪をバランスよく動かせてはじめて，インフォプロとして満足いく情報サービスを担うことができるであろう。

3章

ネットワーク情報資源の検索と種類

〈3章　学習のポイント〉

　検索エンジンの種類とロボット型検索エンジンの仕組みを理解する。特に，検索エンジンを使用した検索時の注意事項は重要である。検索エンジンでは基本的には検索できない深層ウェブにおける個別の情報検索システム，契約を結んで利用する商用情報検索システムの概要を理解する。そして，主なネットワーク情報資源の種類とその特徴を知り活用できるようにする。

3.1　情報通信技術社会におけるネットワーク情報資源

　情報通信技術（information and communication technology：ICT）社会では，情報の記録メディア（媒体）が多様化している。印刷物，マイクロ資料（マイクロフィルムやマイクロフィッシュ），磁気ディスク（フロッピーディスクやハードディスク），光ディスクとして CD（compact disc）や DVD（digital versatile disc），半導体を使用するフラッシュメモリ（USB メモリや SD カード）などのように手元において利用する記録メディアと，情報そのものは物理的には手元にはないがインターネットを介して利用できるウェブページに記録されたメディアがある。これらのメディアに記録された情報は，すべて情報資源（information resources）と呼ぶことができる。2 章で既述した内容と重複するが，情報資源とは，「必要なときに利用できるように何らかの方法で蓄積された情報や資料。天然資源，人的資源などの用法を情報にあてはめて用いられる。」[1] と定義される。

　情報資源は多様なメディアに記録されているが，本章ではウェブサイトやウェブページから提供される電子的な情報資源について紹介する。このようにインターネットを介して提供される情報資源をネットワーク情報資源と呼ぶが，オンライン情報資源，インターネット情報資源，ネット情報資源，ウェブ情報資源などと呼ばれることもある。本章では，『図書館情報学用語辞典』に掲載されているネットワーク情報資源という表現を用いることとする。この辞典では，「インターネットを基盤とするコンピュータネットワークを介して，探索，入手，利用可能な情報資源，ウェブ上に公開されている各種ファイルに加え

1："情報資源". 図書館情報学用語辞典. 日本図書館情報学会用語辞典編集委員会編. 第 4 版, 丸善出版, 2013, p.108. なお，この辞典の情報資源の項目には二つの意味が記載されているが，ここでは（1）の定義だけを示している。

て，ウェブページ，電子掲示板，ブログ，SNS，検索エンジン，電子メールなどを含む。」[2]
と定義している。なお，SNSとは social networking service の頭字語で，代表的なサービ
スに Facebook，Twitter，Instagram などがあるが，個人的なものも多いため本章では取
り扱わない。電子掲示板，ブログ，電子メールについても同様に，対象から除外すること
とする。

3.2　ネットワーク情報資源の検索

3.2.1　ネットワーク情報資源と検索エンジン

　ネットワーク情報資源は，電子化された情報資源が対象であるため，印刷物は検索対象
外となる。ネットワーク情報資源は検索エンジン（search engine：サーチエンジンともい
う）を用いて検索する。検索エンジンは，世界中（World Wide）に蜘蛛の巣（Web）のよ
うに情報同士を結びつけて検索を可能にしており，代表的なものに Google，Yahoo!，Bing
などがある。検索エンジンは，URL（uniform resource locator）と呼ばれるアドレスで識
別されたウェブサイトやウェブページ同士をリンク機能で結びつけることにより，次々と
関連する情報を検索できるようにしている。ウェブサイトは，複数のウェブページから構
成されており，一冊の本のように，ひとまとまりに公開されているウェブページ群のこと
である。印刷された本と異なる点は，ウェブサイト内では複数のウェブページ同士をリン
ク機能で相互に結びつけることができ，その中は階層的構造をなしていることである。
ウェブページとは，ウェブブラウザ[3]で一度に表示できる情報の集まりのことをいう。

3.2.2　検索エンジンの種類

　ウェブサイトやウェブページを検索するために開発されたのが検索エンジンである。検
索エンジンを使用すると，3-1図に示した表層ウェブ（surface web）のみが基本的には検
索対象となり，深層ウェブ（deep web）の情報資源を検索することはできない。例えば，
図書館の OPAC（online public access catalog：オンライン閲覧目録）でその図書館の所
蔵図書を検索したい場合，図書館の OPAC があるウェブページを検索エンジンで検索す
ることはできる。しかし，そこの図書館が所蔵している図書を検索するためには，その
OPAC の情報検索システムの方式で検索しなければならない。すなわち，検索エンジンで
はそこの図書館の所蔵図書を直接検索することはできない。深層ウェブには客観性や信頼

2：“ネットワーク情報資源”．図書館情報学用語辞典．日本図書館情報学会用語辞典編集委員会編．第4版，丸
　善出版，2013，p.193.
3：ウェブブラウザとは，ウェブサイトやウェブページを閲覧するためのアプリケーションソフトウェアのこと
　である。

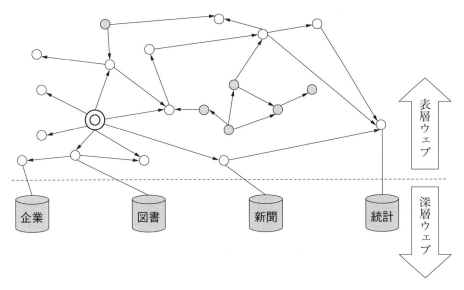

3-1図　表層ウェブと深層ウェブ

性の高い情報が多く存在するため，初めに検索エンジンでそれらのウェブサイトの入り口
のウェブページを検索する。ここまでは表層ウェブの検索である。その入り口を見つけた
ら，次に深層ウェブで提供されている個別の情報検索システムの検索方式にしたがって検
索する。このような手順を踏むことによって，知りたい情報を順に検索していくことがで
きる。
　検索エンジンは，ロボット型検索エンジンとメタ検索エンジンに大別できる。

(1) ロボット型検索エンジン

　全文検索型検索エンジンともいう。収集ロボットあるいはクローラと呼ばれる情報収集
プログラムによって，任意のウェブページを起点（3-1図の◎）として，ウェブページを
結合しているリンクを次々とたどってウェブページを収集する。一定時間内に収集できた
範囲のウェブページを一覧表示させる仕組みをとる検索エンジンをロボット型検索エンジ
ンという。代表的なものにGoogleやBing（現Microsoft Bing）がある。現在，ネットワー
ク情報資源を検索するときに多くの人々によって利用されている。
　ロボット型検索エンジンによる検索では，3-1図中の◎で表された任意のウェブページ
を基点として，○で示したウェブページを矢印で示した方向にリンクをたどってウェブ
ページを収集していく。そのため，◎で示したウェブページは，基点としたウェブページ
（◎）からのリンクがたどれないため，そこに情報が存在していても収集されない。この
ようにロボット型検索エンジンでは，すべてのウェブページが収集されるわけではない。
　収集は自動的に処理され人手を介さないため，検索結果の情報は雑多なページが多く，
数も膨大で精度があまりよくない場合も多い。そのため，各検索エンジンを提供する機関

や会社では，検索結果の表示に工夫を凝らしている。GoogleのPageRankは他のウェブページからの被リンクの度合いを考慮したもので，検索順位を決める指標の一つに使用されている。

(2) メタ検索エンジン

　複数の検索エンジンを検索できる検索エンジンをメタ検索エンジンという。メタ検索エンジンを使用して検索することをメタ検索あるいはメタサーチという。検索方式には統合型と非統合型の2種類がある。

　統合型は横断検索型，一括検索型，串刺し検索型，同時検索型ともいわれ，例として「Ceek.jp」がある。Ceek.jpでは入力した検索語や検索式に対して，複数の検索エンジンを同時に検索して，検索結果を統合して一度にまとめて表示する。

　非統合型は渡り検索型ともいい，検索ボックスに入力した検索語や検索式を保持したまま，個別の検索エンジンでそれぞれ検索し，その都度検索エンジンでの検索結果を表示する。一つの検索エンジンによる検索結果が表示された後に，検索語入力画面に戻って保持された検索語や検索式をそのまま使用して別の検索エンジンに切り替えて検索を続けることができる。この例として「検索デスク」がある。検索エンジンは同じ検索語や検索式を入力しても，検索結果の表示はそれぞれ異なってくる。これは，検索の範囲や検索結果を表示するためのアルゴリズム（問題解決の方法や手順）が検索エンジンごとに異なるためである。

3.2.3　検索エンジンによる検索時の注意事項

　検索エンジンを使用して検索する際には，以下の点に注意して検索すると，より適切な情報を検索することができる。

　　①必ずしもすべてのウェブページを漏れなく検索できるわけではない。その理由には，以下のような場合がある
　　　　・3-1図に示した深層ウェブは基本的には検索できない
　　　　・検索エンジンの収集ロボット（クローラ）のアクセスを制限するrobots.txtというファイル形式で意思表示したウェブページは，収集できない
　　　　・アクセスするためにログインIDやパスワードが必要なページは検索できない
　　　　・収集対象のウェブページは最新のものだけで，更新前の過去のウェブページや削除されたウェブページを検索することはできない
　　②検索エンジンによって検索結果が大きく異なる。検索エンジンによって，検索する範囲，検索時間，検索結果のランキングの表示方式が異なるため，いろいろな検索エンジンを使用するとよい

③基本的に文字列一致検索であるため，入力する検索語を工夫する必要がある。ウェブページに表記された文字列が検索対象となるためである。同義語や表記の違いなども考慮するとよい

④検索結果の内容，質，信頼性を確認する必要がある。ウェブサイトやウェブページの作成者は，国や地方公共団体などの公的機関から個人までさまざまである。結果の内容や信頼性は複数の情報資源で確認する必要がある

⑤入力する英数字，記号，スペースなどは，原則として半角文字を使用する。全角と半角を区別する場合もあるので，注意が必要である

⑥ヘルプを確認する。検索エンジンも日々改良され，今まで使用できた機能が使えなくなったり，新たな検索機能が追加されたりすることもある

3.2.4　深層ウェブにおける情報検索

(1) 個別の情報検索システムを利用した検索

　表層ウェブの検索は検索エンジンで検索することができるが，深層ウェブの検索は，基本的には個別の情報検索システムよって検索することになる。無料で提供されている深層ウェブの情報資源の多くはこのタイプである。例えば，CiNii Articles を使用して，「原田智子が書いたサーチャーに関する論文を検索したい。」という場合，3-2 図に示したように，CiNii Articles の詳細検索画面でタイトルの項目にサーチャーを，著者の項目に原田智子を入力する（上の画面）。その結果，該当する文献リスト一覧が表示される（下の画面）。この例のように，この検索は検索エンジンによる検索ではなく，CiNii Articlesの情報検索システムによって検索が実行されている。検索対象の論文もウェブページを対象に検索しているのではない。

　これらの個別の情報検索システムでは，多くの場合，簡易検索と詳細検索が用意されている。簡易検索は，検索エンジンを利用した検索と同様に一つの検索ボックスに検索語や検索式を入力して行う検索で，ノイズがあってもよいが検索漏れを少なくしたいという検索に向いている。一方，詳細検索では，項目の限定ができるため，人名でも書名に出てくる偉人を検索したいのか，著者としての情報を知りたいのかによって，入力する項目が異なってくる。詳細検索では，それを区別して入力することができるため，ノイズを減らし，精度の高い検索を行うことができる。また，ガーデニングに関する図書を探している場合にも，簡易検索では数百冊の検索結果が得られた場合，それを一つひとつ見ていく作業は大変である。そこで詳細検索に切り替えて，書名の項目にガーデニングという語をもつ図書だけを検索することも精度を高められる一つの方法である。

　しかし，独自の情報検索システムを開発するのも人手やコストもかかるため，中にはGoogle カスタム検索を利用している場合もある。Google カスタム検索とは，ウェブページを訪れた検索者が，そこのウェブサイトの中の情報を中心に探せるように作成された検

3-2図　CiNii Articles の検索語入力画面（上）と検索結果一覧表示画面（下）

索エンジンのことである。サイト内検索などにもよく利用されている。サイト内検索とは，一つのウェブサイトの中のウェブページのみを対象に検索できる機能を利用した検索のことをいう。3-3図には，全国労働基準関係団体連合会が作成する判例検索（労働基準関係

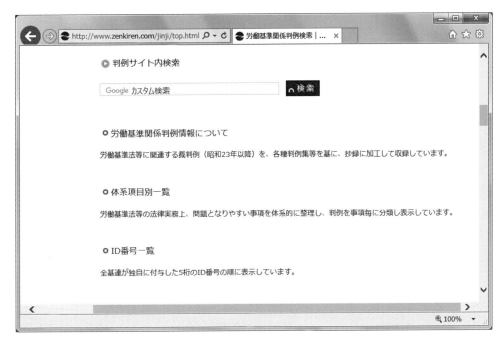

3-3 図　Google カスタム検索の利用例［判例検索（労働基準関係判例）の事例］

判例）で，Google カスタム検索を利用している事例を示している。

(2) 商用情報検索システムを利用した検索

　信頼性と質を重視した情報資源には，1970 年代半ばに始まる文献の二次情報を収録するレファレンスデータベースの流れがある。これらは，データベース提供機関（データベースディストリビュータあるいはベンダーともいう）が作成する情報検索システムによって広く利用されている。わが国でも 3-1 表から 3-5 表に示すような商用の情報検索システムが利用されている。これらの情報検索システムから提供される各種のデータベースは，専門的で厳しい採録基準に従った信頼性の高い情報を収録している。これらの利用に際しては契約が必要であり，企業や大学図書館などが契約を結んで利用に供している。国立国会図書館，公共図書館，大学図書館では，契約はそれぞれの図書館が行い費用負担も行っているが，利用者は有料のデータベースを使用しても費用負担をする必要はない。大学図書館ではその図書館の利用資格がないと商用データベースの利用はできない。

　わが国で利用できる科学技術分野全般を主に収録対象とする商用情報検索システムとしては，JDreamⅢ，Dialog，STN（STN International は旧名称）がある。ビジネス分野のデータベースを提供する主な商用情報検索システムとしては，G-Search と日経テレコンがある。

　これらの情報検索システムは，同一の情報検索システムで数多くのデータベースを提供しているところに特徴がある。そのため，主題分野が重なる異なる複数データベースを包

3-1 表　JDreamⅢの概要

システム名	JDreamⅢ
収録分野	科学技術，医学，医薬品情報
概要と特徴	科学技術振興機構（JST）が作成する科学技術や医学・薬学分野の国内外の書誌データベースをサービスしている。1976 年に日本科学技術情報センター（JICST：現 JST）が提供を開始したインフォプロ向けの JOIS と，2003 年から提供したエンドユーザ向けの JDream を統合し，2006 年 4 月から JDreamⅡが提供されていた。その後継システムとして 2013 年 4 月から JDreamⅢが提供されている。JST が作成するデータベースでは国内および外国の科学技術・医学・薬学分野の学術文献を日本語で検索でき，日本語の標題と抄録が読めるところに特徴がある。JSTPlus，JST7580，JST5874，JMEDPlus，MEDLINE（別途契約が必要），JCHEM，JSTChina（無料），JAPICDOC の 8 種類のデータベースを提供している。これらのデータベースは学協会の機関誌，大学紀要，研究報告，会議録・予稿集，企業技報，公共資料などから記事を採録して提供している。検索は初心者向けのクイックサーチと，コマンド検索の機能を継承したアドバンスドサーチを選択できる。クイックサーチは，すべてのフィールドを対象にストリングサーチ（文字列検索）を行う。アドバンスドサーチは，論理演算を使用した検索式を直接入力できるコマンド検索と検索対象フィールドが用意されている簡易入力画面の両方が用意されている。検索補助機能として JST シソーラスや JST 分類表のブラウザ参照が検索中に行える。アドバンスドサーチでは，検索式のアップロードや保存，ユーザ SDI※登録・編集・削除の機能もある。MEDLINE に日本語索引語を付与しているため，日本語による検索も可能である。検索結果の分析・可視化機能がある。
サービス提供機関	ジー・サーチ

※SDI とは，selective dissemination of information の略で，情報の選択的提供あるいは選択的情報提供と訳している。ある特定のテーマに関する最新情報を提供するサービスをいう。ユーザ SDI とは利用者が設定することができる SDI サービスのことである。

3-2 表　G-Search の概要

システム名	G-Search
収録分野	企業，マーケティング，新聞記事，雑誌記事，科学技術文献，法律，特許
概要と特徴	全国約 145 万社の企業情報，約 150 紙誌の新聞および雑誌記事情報，科学技術文献，マーケティング情報など，ビジネスに必要なデータベースを提供している。特に新聞では，共同通信，全国紙，専門紙，スポーツ紙，政党機関紙，海外紙を提供し，雑誌も含めて横断検索ができる。企業情報では，帝国データバンク，東京商工リサーチの企業情報，財務情報，信用情報，東京経済，東洋経済，ダイヤモンド，などの企業情報を提供しており，企業情報も横断検索ができる。雑誌記事は，日経ビジネス等 33 誌，週刊ダイヤモンド，週刊エコノミスト，週刊東洋経済等のビジネスに欠かせない記事情報を提供している。人物情報では，朝日人物，読売人物，ダイヤモンド役員管理職を提供している。JDreamⅢの情報，TKC の法律情報などとも連携している。キーワードは文字列一致検索で，論理演算，トランケーションが使用できる。新聞などは一覧リストから検索対象新聞を選択できるようになっている。企業情報では，会社名，地域の選択，電話番号入力などから検索できる。
サービス提供機関	ジー・サーチ

3-3表　日経テレコンの概要

システム名	日経テレコン
収録分野	新聞記事，雑誌記事，企業，人物・人事情報，統計
概要と特徴	1984年にサービスを開始し，日本経済新聞社が作成する日経各紙［日本経済新聞朝刊・夕刊，日経産業新聞，日経MJ（流通新聞），日経地方経済面，日経プラスワン］，日経速報ニュース，日経WHO'S WHO，日経NEEDS統計データ，日経POS情報・売れ筋商品ランキングの検索ができる。1876(明治9)〜1974(昭和49)年までの日本経済新聞縮刷版の紙面イメージをPDF形式で閲覧できる。ただし，広告は検索できない。週刊投資金融情報紙の日経ヴェリタスも検索できる。このほか，全国紙各紙，47都道府県の新聞，業界に特化した専門紙，スポーツ紙まで計140以上の国内主要紙を提供している。ジュリスト，Westlaw Japan 新判例解説，LexisNexis ビジネスロー・ジャーナルなども提供し，TKC法律情報データベースも利用できる。日経テレコン＋Factiva という両者のサービスを一つで受けられるサービスもある。検索媒体リストから検索対象ファイルを選択し，キーワード等で検索することができる。新聞では期間の選択ができる。日経四紙に対しては日経シソーラスによる統制語付与が行われているので，検索中にシソーラス参照もでき，検索に利用できる。
サービス提供機関	日本経済新聞社

3-4表　Dialog の概要

システム名	Dialog
収録分野	医学・薬学の学術文献，特許，科学技術，医薬品，業界ニュース
概要と特徴	DIALOG と DataStar から提供されていたデータベースを統廃合し，新しく誕生したのが Dialog である。ProQuest による全面的なシステム変更が行われ，医学・薬学，科学技術分野を中心に，学術文献，特許，業界ニュース，医薬品情報等に関する約170種類のデータベースが，日本では2013年4月以降ジー・サーチから提供されている。検索モードの種類には，基本検索，詳細検索，書誌情報検索，類似記事の検索，コマンドライン検索がある。重複レコードの除去，英米の綴りの違い，単数形と複数形などの語尾変化を自動検索する機能がある。単語検索とフレーズ検索（" "で囲む）が可能である。トランケーションは，前方一致，後方一致，中間一致，中間任意検索ができる。検索結果は入力した検索語はハイライトされ，詳細表示では KWIC（keyword in context）形式で表示される。検索結果を日本語などに翻訳する機能（機械翻訳）もある。
サービス提供機関	ProQuest　代理店はジー・サーチ

括的に検索して，後で異なるデータベースから検索された同一文献の重複を除去する機能が Dialog と STN にはある。この重複除去機能は個別の情報検索システムを使用していたのではできないことである。

3–5表　STN の概要

システム名	STN		
収録分野	化学，生物学，物理学，特許，医学，医薬品，化学物質，CAS RN® (CAS 登録番号)，配列，物性データ，など		
概要と特徴	米国の CAS (Chemical Abstracts Service) とドイツの FIZ Karlsruhe と日本科学技術情報センター (JICST：現 JST) の 3 拠点を専用回線で結んだ STN International が 1987 年に日本でも利用が開始された。しかし，2006 年末に JST が撤退し，それ以降化学情報協会が代理店となり，現在は STN の名称でサービスされている。STN は，Classic STN と STN 新プラットフォームの検索サービスなどを提供している。Classic STN には STNext，STN on the Web，STN Express のコマンド検索による三つのインターフェイスがある。また，コマンドを使用しない STN Easy や，検索結果の解析ツールである STN AnaVist も提供している。STN では，CAS が作成する CAplus/CA ファイルや化学物質の REGISTRY，特許分野の DWPI，INPADOC など，化学文献，化学物質，特許の世界的な主要データベース約 100 種類を提供している。インターフェイスによって，対象データベース数は異なる。Classic STN はコマンド検索により文献検索，化学構造検索，タンパク質・核酸の配列検索，マルチファイル検索 (複数データベースの一括検索) などができる。STN Easy はコマンド方式によらずに検索でき，検索可能なデータベース数は約 70 種類である。STN AnaVist は，例えば特許分布図などを作成することができる可視化ツールである。STN 新プラットフォームは，知的財産情報やインフォプロ向けの STN の代表的な約 30 種類のデータベースをウェブブラウザのみで検索可能にしている。検索式入力以外はクリック操作のみで検索できる。検索履歴はサーバに自動的に保存される。Classic STN では，異なるデータベース間で，共通する情報 (レコード番号，CAS RN®，特許番号，化学物質名称など) を使用してクロスオーバー検索※ができ，重複レコード除去もできる。コマンド検索では，多くの SET コマンドが用意されており，英米の綴りの違いを含めて検索することも設定できる。		
サービス提供機関	CAS および FIZ Karlsruhe　代理店は化学情報協会		

※クロスオーバー検索とは，データベース (STN ではファイルと呼んでいる) 間で共通する特有の情報を用いた，複数のデータベースを横断した検索のことである。

3.3　ネットワーク情報資源の種類

　ネットワーク情報資源の種類は非常に幅が広いが，本章では①信頼性の高い公的機関や企業が作成する情報資源，②公共図書館や大学図書館でよく使用されている情報資源，③個人作成ではあるが有用と判断された情報資源を中心に解説する。現在では，政府機関や国立の各種機関での電子化が促進され，無料で利用できる有用なネットワーク情報資源が増えている。しかし，商用データベースは無料では得られない有用な情報を多く提供しているので，必要に応じて活用すべきであろう。

　以下に紹介するネットワーク情報資源は，3–1 図で示した深層ウェブに存在する情報資源であり，そこでの情報検索システムは原則としてそれぞれが提供する情報検索システムに依存する。利用にあたっては，それぞれの検索マニュアルやヘルプを参照するとよい。

3.3.1　主なネットワーク情報資源

　本章で紹介する主なネットワーク情報資源64種類の一覧を，3-6表に示す。利用に際してはインターネット環境さえあれば，誰でも無料で使用できる情報資源を中心に取り上げたが，比較的多くの公共図書館や大学図書館で導入されている有料で提供されている商用データベースも一部含んでいる。今日の都道府県立図書館や市立図書館などの比較的大規模な図書館では，ビジネス支援サービス，医療・健康サービス，法情報サービス，子育て支援サービス，行政支援サービスなどの課題解決支援サービスを実施している。テーマに沿ったさまざまな情報資源を駆使したサービスに注力している。そのため，これらの支援サービスを遂行するために必要な有料の商用データベースの導入も進んでいる。各図書館で導入されている商用データベースの種類を知るには，各図書館のウェブサイトにアクセスする方法がある。例えば，東京都立図書館の「都内公立図書館インターネット等サービス状況」[4]のウェブページでは，3-6表に示した情報資源のうち，有料の情報資源がどこの都内の図書館で利用できるかという情報を提供している。国立国会図書館でも館内利用限定で商用データベースが利用できる。

3-6表　主なネットワーク情報資源

No.	ネットワーク情報資源名	作成・提供機関	無料	有料
(1) 情報資源ガイド				
1	リサーチ・ナビ	国立国会図書館	○	
2	参考図書紹介	国立国会図書館	○	
3	Web 情報資源集	個人	○	
(2) 図書に関する情報資源				
4	国立国会図書館サーチ	国立国会図書館	○	
5	Web NDL Authorities	国立国会図書館	○	
6	国立国会図書館検索・申込オンラインサービス（NDL ONLINE）	国立国会図書館	○	
7	国立国会図書館デジタルコレクション	国立国会図書館	○	
8	CiNii Books	国立情報学研究所	○	
9	Webcat Plus	国立情報学研究所	○	
10	新書マップ	連想出版	○	
11	日本の古本屋	東京都古書籍商業協同組合	○	
12	BOOK TOWN じんぼう	連想出版	○	
13	日本古典籍総合目録データベース	国文学研究資料館	○	
14	新日本古典籍総合データベース	国文学研究資料館	○	
15	カーリル	カーリル	○	

No.	ネットワーク情報資源名	作成・提供機関	無料	有料
16	出版書誌データベース（Books）	日本出版インフラセンター	○	
17	青空文庫	青空文庫	○	
18	Google ブックス	Google	○	
19	BookPlus	日外アソシエーツ		○
(3) 雑誌記事・雑誌論文に関する情報資源				
20	CiNii Articles	国立情報学研究所	○	
21	CiNii Dissertations	国立情報学研究所	○	
22	Google Scholar	Google	○	
23	J-STAGE	科学技術振興機構	○	
24	J-GLOBAL	科学技術振興機構	○	
25	国文学論文目録データベース	国文学研究資料館	○	
26	MagazinePlus	日外アソシエーツ		○
27	雑誌記事索引集成データベース「ざっさくプラス」	皓星社		○
28	Web OYA-bunko	大宅壮一文庫		○
29	PubMed	米国国立医学図書館	○	
30	医中誌 Web	医学中央雑誌刊行会		○
31	IRDB（学術機関リポジトリデータベース）	国立情報学研究所	○	
(4) 新聞記事に関する情報資源				
32	聞蔵Ⅱビジュアル	朝日新聞社		○
33	ヨミダス歴史館	読売新聞社		○
34	毎索	毎日新聞社		○
35	日経テレコン	日本経済新聞社		○
36	産経新聞データベース；産経電子版	産経新聞社		○
(5) 辞典・事典に関する情報資源				
37	コトバンク	VOYAGE MARKETING	○	
38	ジャパンナレッジ（JapanKnowledge）	ネットアドバンス		○
39	ブリタニカ・オンライン・ジャパン	ブリタニカ・ジャパン		○
40	Wikipedia（日本語）	ウィキメディア財団	○	
41	goo 辞書	エヌ・ティ・ティレゾナント	○	
(6) 統計・データに関する情報資源				
42	政府統計の総合窓口（e-Stat）	総務省	○	
43	総務省統計局統計データ	総務省	○	
44	気象庁各種データ・資料	気象庁	○	
45	司法統計	最高裁判所	○	
46	理科年表プレミアム	国立天文台		○
(7) 法令・条約・国会会議録に関する情報資源				
47	電子政府の総合窓口（e-Gov）	総務省	○	
48	e-Gov 法令検索	総務省	○	
49	日本法令索引	国立国会図書館	○	
50	官報	国立印刷局，国立国会図書館	○	○

No.	ネットワーク情報資源名	作成・提供機関	無料	有料
51	条約データ検索	外務省	○	
52	国会会議録検索システム	国立国会図書館	○	
(8) 地図に関する情報資源				
53	地理空間情報ライブラリー	国土交通省国土地理院	○	
(9) 人物に関する情報資源				
54	researchmap	科学技術振興機構	○	
55	近代日本人の肖像	国立国会図書館	○	
56	人名事典	PHP 研究所	○	
57	WhoPlus	日外アソシエーツ		○
(10) 企業に関する情報資源				
58	Yahoo! JAPAN ファイナンス	ヤフー	○	
59	EDINET	金融庁	○	
(11) 判例に関する情報資源				
60	裁判例検索	最高裁判所	○	
61	消費者問題の判例集	国民生活センター	○	
(12) 産業財産権に関する情報資源				
62	特許情報プラットフォーム（J-PlatPat）	工業所有権情報・研修館	○	
(13) アーカイブサイトに関する情報資源				
63	国立国会図書館インターネット資料収集保存事業（WARP）	国立国会図書館	○	
64	Wayback Machine	Internet Archive	○	

3.3.2　ネットワーク情報資源とその概要

　ここでは，3-6 表に示したネットワーク情報資源について，簡単にその概要を順に述べていく[5]。検索上，特に注意すべき点があれば，それについても触れる。なお，情報資源名の前の番号は，3-6 表の番号と一致するものである。

(1) 情報資源ガイド

　探したい情報が，どのような情報資源を利用すれば検索できるのかよくわからない場合，適切な情報資源を探す目的で利用するのが，情報資源ガイドである。

1　リサーチ・ナビ

　国立国会図書館職員が調べものに有用であると判断した図書館資料，ウェブサイト，各種データベース，関係機関情報を，特定のテーマ，資料群別に紹介している。キーワード検索や分野別の調べ方，調べたい本の種類などから情報資源を探すことができる。印刷物

5：ネットワーク情報資源は，今後，情報資源名，サービス内容，検索画面が変更になることがあるので，実際に確認することが望ましい。

とネットワーク情報資源の両形態のものをあわせて紹介している。

2　参考図書紹介

　国立国会図書館（National Diet Library：NDL）が所蔵する調べものに役立つ参考図書（辞典・事典など）の内容を紹介するもので，キーワードから探すことができる。検索上の注意点としては，文字列一致検索であるため，辞典と入力した場合は，辞典という文字列のあるものしか検索されず，事典は検索されない。別途事典を入力する必要がある。また，論理積（AND検索）はAND演算子を省略することができ，スペースで代用することもできる。AND演算子を入力する場合は，半角文字で入力しなければならない。全角文字で入力すると，ANDという文字列のあるものを検索してしまい，演算子としては機能しない。

3　Web情報資源集

　大学図書館のウェブサイトに掲載されたリンクからインターネット情報資源を収集し，それらの情報資源を，ドメイン別，NDC分類（Nippon decimal classification：日本十進分類）別，国内外の機関・組織・団体別一覧から探せる情報資源のリンク集である。一覧を眺めるだけで，どこの機関や組織にどのような情報資源があるのかがわかる。

(2) 図書に関する情報資源

　図書に関する情報要求には，特定の図書を探している場合と，自分が興味あるテーマに関する図書がないかというような漠然と探している場合とがある。目的の図書が見つかった場合に，図書館で借りたい，書店で購入したいというように，最終的には目的の図書を入手したい場合が多い。図書館で借りたい場合は，図書館のOPACを利用して所蔵しているかどうかを調べる必要がある。購入したい場合は，オンライン書店での購入も考えられる。古典籍や絶版になった図書は，図書館のOPACやオンライン古書店で探す必要が出てくる。なお，雑誌の書誌情報や誌名変更，発行機関等に関する情報や雑誌の所蔵を調べたい場合も，図書の情報資源と同じもの，例えば，CiNii Booksなどが利用できる。

4　国立国会図書館サーチ

　国立国会図書館サーチ（NDL Search）は，国立国会図書館をはじめ，学術情報機関，全国の公共図書館，大学図書館，専門図書館，公文書館・博物館等が提供する資料，デジタルコンテンツ97種（2020年1月28日参照）を統合的に検索できるサービスである。すなわち，国立国会図書館オンライン（NDL ONLINE），NDL ONLINE中の雑誌記事，国立国会図書館デジタルコレクション，国立国会図書館インターネット資料収集保存事業（WARP）などのほか，国立情報学研究所（NII）が提供するCiNii Articles, CiNii Books, IRDB（学術機関リポジトリデータベース），科学技術振興機構（JST）が提供するJ-STAGEなども検索対象としている。

　検索メニューは，簡易検索，詳細検索，障害者向け資料検索の3種類がある。ノイズが

あっても検索漏れの少ない検索をしたい場合は簡易検索を，検索語がタイトル（書名）中に含まれる図書に限定したり，出版年を限定したり，件名標目（国立国会図書館件名標目）や分類記号（NDC）を利用したい場合は，詳細検索で検索する。

　検索対象の範囲が広く，検索結果には本，記事・論文，新聞，児童書，レファレンス情報，デジタル資料，その他，障害者向け資料，立法情報などの各件数も表示される。その他，データベースの情報資源名，所蔵館，出版年，分類（NDC分類），分野，国・地域，特徴語（実証実験）など，さらに絞込みするための項目と件数も表示される。したがって，この情報資源を利用することにより，大きな網をまず全体にかけて，徐々に目的の情報に絞り込んでいくことができるようになっている。

5　Web NDL Authorities

　日本語では国立国会図書館典拠データ検索・提供サービスという。国立国会図書館が扱う著者名や件名標目の典拠データを管理し，同じ人物の異なる名前や同義語・関連語などを集めた典拠データを検索・ダウンロードできる。キーワード検索と分類記号検索が用意されている。国立国会図書館に納本された図書には，国立国会図書館件名標目表（NDLSH）から件名標目が付与され，この件名標目を使用して検索することができる。入力する検索語が件名標目の統制語と一致しているかどうか，Web NDL Authoritiesを使用して調べることができる。思いついた自然語（非統制語）だけで検索するよりも件名標目を使用して検索すると検索漏れの少ない検索ができる。

　例えば，物理学者の寺田寅彦は吉村冬彦という名前で随筆も書いている。同一人物の著作を網羅的に検索したい場合も，Web NDL Authoritiesを使用して標目の確認をする必要がある。3-4図は，寺田寅彦の事例を示している。

6　国立国会図書館検索・申込オンラインサービス（NDL ONLINE）

　略称を国立国会図書館オンライン（NDL ONLINE）といい，2018年1月4日からサービスを開始した。国立国会図書館の所蔵資料および国立国会図書館で利用可能なデジタルコンテンツを検索し，複写サービスなどの各種申込みができる。国立国会図書館が所蔵する図書，雑誌，雑誌記事，新聞，和古書・漢籍，地図，日本占領関係資料，規格・リポート類，電子資料，障害者向け資料，その他（映像資料，録音資料，博士論文など）を検索することができる。なお，国立国会図書館サーチがMARC21フォーマットであるのに対し，NDL ONLINEはDublin Core（ダブリンコア）に基づいた日本語対応などに独自拡張したメタデータ記述をした国立国会図書館ダブリンコアメタデータ記述（DC-NDL）で作成されている。Dublin Coreについては，2章「2.4.1目録と目録法」で既述した。

7　国立国会図書館デジタルコレクション

　国立国会図書館で収集・保存しているデジタル資料を検索・閲覧できる。ただし，収集・保存したウェブサイト，CD-ROMやDVD等のパッケージソフトは除く。図書，雑誌，古典籍，博士論文，官報，憲政資料，日本占領関係資料，プランゲ文庫，録音・映像関係

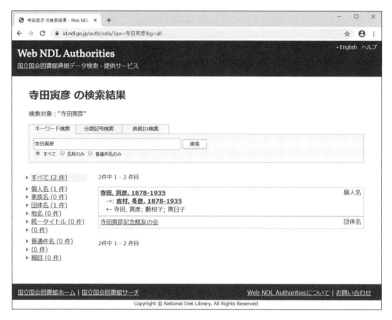

3-4図　Web NDL Authorities の事例（寺田寅彦）

資料，電子書籍・電子雑誌，歴史的音源，手稿譜，脚本，科学映像，他機関デジタル化資料，内務省検閲発禁図書のデジタル化資料を検索，閲覧できる。デジタル化資料は，発行当時の資料をそのままの形でデジタル化している。

公開範囲は，著作権の権利状況等により，インターネット公開，図書館送信資料，国立国会図書館内限定の3種類に分けられる。収録資料の著作権は各資料の著作権者に帰属しているので，利用に当たっては留意する必要がある。

図書は，国立国会図書館が1968(昭和43)年までに受入れた戦前期・戦後期刊行図書，議会資料，法令資料，児童書と，国立国会図書館が所蔵する震災・災害関係資料の一部（1968年以降に受け入れたものを含む）の約97万点（うちインターネット公開約35万点）を収録している（2020年1月28日参照）[6]。

8　CiNii Books

国立情報学研究所（National Institute of Informatics：NII）が運用する目録所在情報サービス（NACSIS-CAT）に蓄積されている全国の大学図書館等約1,300館が所蔵する，約1,177万件（のべ1億4千万冊以上）の図書および雑誌の情報と，著者の情報を検索することができる（2020年1月28日参照）。CiNii Books は NACSIS-CAT を使用して全国の大学図書館が受入れした図書や雑誌情報を，各大学図書館が共同目録作業（分担目録作業ともいう）により作成される総合目録である。入力された書誌情報および所蔵情報が検

6：雑誌，その他のデジタル化資料については，「国立国会図書館デジタルコレクションについて」（https://dl.ndl.go.jp/ja/intro.html#t1）を参照されたい。

索できる。図書の書影（表紙の写真）が閲覧できるものもある。図書・雑誌検索，著者検索，内容検索の３種類があり，図書・雑誌検索では簡易検索と詳細検索ができる。検索結果には，大学図書館等の所蔵情報およびその図書の内容説明・目次情報を知ることができる。また，Webcat Plus，国立国会図書館サーチ，カーリル，WorldCat へのリンクボタンもある。論理演算子（AND，OR，NOT）および丸括弧（ ）を使用した検索式での検索ができる。アルファベットや数字の１バイト文字に対して，空白を含むフレーズ検索はダブルクウォーテーション（" "）を使用することで検索できる。アスタリスク（ * ）を使用してアルファベットや数字の１バイト文字に対して，前方一致検索ができる。

9　Webcat Plus

　国立情報学研究所が提供する Webcat Plus は，江戸期前から現代までに出版された書物を対象に，全国の大学図書館 1,000 館や国立国会図書館の所蔵目録，新刊書の書影・目次データベース，電子書籍データベースなど，本に関するさまざまな情報源を統合して，それらを本・作品・人物の軸で整理した形で提供している。検索は，文章をそのまま入力して検索できる連想検索（類似文書検索の検索方法を採用した検索）と，一致検索ができる。一致検索はキーワードを入力する検索と詳細検索があり，詳細検索ではタイトル，著者・編者，ISBN/ISSN，出版元，出版年の入力項目がある。

　検索結果は，書影と内容・目次，書誌情報が得られる。また NCID（NACSIS–CAT での書誌レコード ID のこと）の番号をクリックすると CiNii Books の当該図書情報と所蔵大学図書館名を表示する。また，全国書誌番号の番号をクリックすると国立国会図書館サーチの当該図書情報を表示する。

10　新書マップ

　新書だけを収録対象としている。新書とは，文庫本（A6 判）よりやや大きい小型本の通称をいう。連想検索（類似文書検索の検索方法を採用した検索）によるキーワードあるいは文章入力による検索ができる。3–5 図に示したように，検索結果は一度キーワード群が円表示され，その中から検索者が選択したいキーワードを選択（クリック）すると，新書リスト一覧と書棚に新書が収納された形で表示される。一覧リストから書名をクリックすると，その新書の書影，内容，目次が表示される。独自分類による書棚からも興味ある新書を選択することができる。1 冊興味ある新書を選択すると，関連書も一緒に書棚に提示されるので，実際の書架で図書を選ぶ感覚で興味ある図書の書誌情報や内容，目次を見ることができる。3–5 図は「世界の美しい図書館めぐりをしたい。」という文章で検索した結果を示している。円の内外に提示されるキーワードは一つしか選択できないため，3–5 図に示した事例のように，「ヨーロッパの歴史都市」というキーワードを選択した場合と，「図書館」というキーワードを選択した場合では，異なる検索結果が得られる。

11　日本の古本屋

　日本の古本屋に参加する古書店が所有する古文書，書幅・書画，草稿，刷物類および書

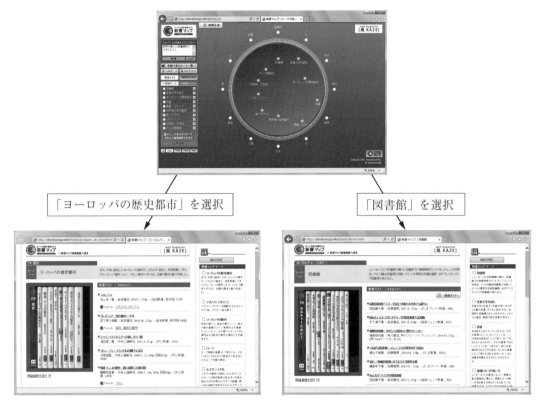

「ヨーロッパの歴史都市」を選択　　　　　　　　　　　「図書館」を選択

3-5図　新書マップの検索事例
上：文章入力の検索結果のキーワード表示
下：選択したキーワードによる新書一覧と書棚

籍，雑誌，ムック，コミック，ビデオ，CD 等に関する多様な古書情報を検索することができる。品切れ・絶版書・希覯本などを探せる可能性もある。簡易検索と詳細検索がある。在庫があった場合は，オンライン古書店での購入も可能である。書籍関連サイトである東京の古本屋，想［IMAGINE］，版元ドットコム等へのリンクが用意されている。想［IMAGINE］では，次に述べる BOOK TOWN じんぼうや Webcat Plus などとの連想検索による横断検索ができる。

12　BOOK TOWN じんぼう

　神田神保町の古書店 176 店中 52 店と，新刊書店 69 店中 6 店を対象に，在庫を調べることができる古書データベースと新刊データベースがある。いずれも連想検索と一致検索の検索方法が用意されている。想［IMAGINE］では，日本の古本屋などとの連想検索による横断検索もできる。神田神保町の書店を書店一覧から探すこともできる。

13　日本古典籍総合目録データベース

　国文学研究資料館（National Institute of Japanese Literature：NIJL）が作成する日本の古典籍の総合目録である。漢籍・明治本を一部含む。書誌・所在情報は，『古典籍総合目録』のほかに，国文学研究資料館所蔵の和古書目録データ・マイクロ資料目録データを収

録している。典拠情報は，『国書総目録』（補訂版 1989〜1991），『古典籍総合目録』所収の
すべての著作・著者および，これらの目録刊行後に追加した著作・著者を収録している。
一部画像データも収録している。画像がある場合は，検索結果一覧表示画面でimageボタ
ンがあり，画像の表示もできる。検索では完全一致検索，中間一致検索，前方一致検索，
後方一致検索ができる。

14　新日本古典籍総合データベース

　国文学研究資料館が中心となって国内外の大学等と連携し，「日本語の歴史的典籍」に
関する国際共同研究ネットワークを構築することを目的として，「日本語の歴史的典籍の
国際共同研究ネットワーク構築計画（略称：歴史的典籍 NW 事業）」が 2014 年に始まった。
2017 年 11 月からこのデータベースのサービスが開始された。複数の機関が所蔵する日本
の古典籍の情報および，その高精細画像を一度に検索できる唯一の古典籍ポータルサイト
である。検索では簡易検索と詳細検索があり，いずれの場合も「書誌から探す」「画像タ
グから探す」「全文から探す」を選択できる。その他，おすすめキーワード，ピックアップ
コンテンツ，アクセスランキングからの検索もできる。検索では完全一致検索のほか，部
分一致検索（中間一致検索），前方一致検索，後方一致検索ができる。古典籍データにつ
けられた DOI により永続的なアクセスが保証されている。DOI については，2 章「2.4.4 情
報資源の識別子」に既述した。

15　カーリル

　全国の公共図書館5,416館，大学図書館1,512館，専門図書館297館の合計7,225館（2020
年 1 月 30 日参照）の蔵書情報と貸出状況をリアルタイムで検索できる。Amazon 等のデー
タベースと連動しているため，図書館に所蔵されていない本の情報も見ることができる。
指定した地区の図書館ですぐに借りることができる図書館を一度に知りたいというときに
便利である。ただし，市町村のカバー率は 78%（2020 年 1 月 29 日現在）であるので，地
域によってはそれぞれの図書館の OPAC を利用する必要がある。

16　出版書誌データベース（Books）

　出版社（者）から提供される国内で発行された紙の書籍情報と電子書籍の情報が検索で
きる。2019 年 1 月 31 日に，日本書籍出版協会の「Books」の書籍情報を移行した。紙の書
籍情報と電子書籍情報をリンクできる場合がある。「本をさがす」と「出版社をさがす」の
2 種類からの検索ができ，それぞれに簡易検索と詳細検索が用意されている。詳細検索の
ISBN の検索では，前方一致検索ができるため，出版者記号までの入力で出版社名の検索
と同じことが行える。検索結果の画面にはオンライン書店のアイコンが用意されているの
で，必要に応じてオンライン書店で書籍の購入も可能である。

17　青空文庫

　著作権の保護期間が満了になった著作物および著作権者が自由に読むことを許諾してい
る作品を，ボランティアによってデジタル化して無料公開しているインターネットの電子

図書館である。読みたい作品は，作家別，作品別，分野別，サイト内検索の4通りの方法で探すことができる。読みたい作品を選択すると，初めに図書カードが表示される。図書カードは，作品名，作品名読み，著者名，作品データ（NDC分類，初出，作品に関するWikipediaへのリンク，文字遣い種別，備考），作家データ（分類，作家名，作家名読み，生年，没年，人物について），底本データ（底本，出版社，初版発効日，入力に使用），工作員データ（入力，校正），ファイルのダウンロード，関連サイトデータからなっている。底本とはデジタル化するにあたり，元となった本を指す。文字遣いには，旧字旧仮名，新字旧仮名，新字新仮名がある。また，挿絵などが見られる作品もある。ファイルのダウンロードも可能で，ファイル形式には，テキスト・ファイル（ルビあり・ルビなし），HTMLファイル（2002年5月以降に公開されたものはXHTML），エキスパンドブックファイル，PDFがある。ただし，著作権法の範囲での利用に限る。

18　Googleブックス

　Googleによる図書の全文検索サービスである。著作権が消滅しているか，出版社がGoogleに許可を与えている場合に，検索結果の図書のプレビューを見ることができる。図書によっては全文を読むことができる。出版社から提供された図書の電子化と図書館の蔵書の電子化を推進する図書館プロジェクトにより，全文を検索することができる。検索の方法はウェブ検索と同じである。検索結果では書影や書誌情報のほか，プレビューできるものは，入力した検索語が書かれているページを見ることができる。本文だけでなく目次や索引も検索対象になっている。

19　BookPlus

　国内の1926（昭和元）年以降現在までに出版された図書情報を検索できる。絶版本や非流通本も収録している。1986年以降の図書には，要旨・目次情報，小説のあらすじを収録している。2000年以降の図書には，表紙書影も掲載している。2001年以降の図書には，著者紹介情報を掲載している。最近2週間の新着情報（毎日更新）も掲載している。

(3) 雑誌記事・雑誌論文に関する情報資源

　雑誌に掲載された記事や論文は図書の情報に比べて新しい情報を収録することが多い。雑誌は読者層をある程度限定したものが多く，学術雑誌，一般雑誌，娯楽を中心とした大衆雑誌など収録内容の幅が広い。したがって学術論文を探しているのか，娯楽的な内容の記事を探しているのかによって，ネットワーク情報資源を選別する必要がある。

20　CiNii Articles

　国内の学協会刊行物に掲載された論文と国内の大学等が刊行する研究紀要に掲載された日本の学術論文，および国立国会図書館の雑誌記事索引を含む論文検索ができる。国立国会図書館デジタルコレクション，大学・研究機関の機関リポジトリ，J-STAGE，日本農学文献索引，医中誌WebやCrossRefなどによる論文本文等へナビゲートするリンク機能も

ある。CrossRef については，2 章「2.4.4 情報資源の識別子」で既述した。論文検索，著者検索，全文検索ができる。論文検索では簡易検索と詳細検索の 2 種類があり，本文のあるものだけを対象に検索することもできる。文献の引用情報も収録されている場合には，詳細検索画面の「参考文献」の項目に，被引用著者名（引用された著者の名前）あるいはキーワードを入力すると，被引用文献を検索できる。国内の学術論文を網羅的に検索したい場合は，最初に利用するとよい情報資源である。

21　CiNii Dissertations

国内の大学および大学評価・学位授与機構が授与した博士論文の情報が検索できる。国内の機関リポジトリで公開されている博士論文および国立国会図書館が所蔵する博士論文約 62 万件を一元的に検索することができる（2020 年 1 月 30 日参照）。簡易検索と詳細検索があり，本文ありを選択するとデジタル化された本文がある博士論文を対象に検索し，インターネット公開あるいは図書館送信限定あるいは国立国会図書館館内限定で閲覧することができる。

22　Google Scholar

さまざまな分野の学術雑誌の論文や記事，書籍，要約などの学術情報資源を検索できる。被引用文献，特許も含めて検索することができ，J-STAGE など全文へのリンクや，CiNii Articles へのリンク，引用元，関連文献へのリンクがある。Google Scholar の検索オプションを利用するか，項目コードを付して入力することにより，論理演算（AND 検索，OR 検索，NOT 検索），フレーズ検索，検索対象（記事全体あるいはタイトルのみ），著者，出典（雑誌名など），日付（発行年など）を指定した検索ができる。なお，検索結果一覧リストを見てから，期間指定，日付順の並べ替え，言語指定（検索する前の設定では英語と日本語に限定されているが，全言語も指定することが可能）ができる。網羅的であるかどうかは不明であるが，国内外の学術論文を一緒に検索できる利点がある。

23　J-STAGE

科学技術振興機構（Japan Science and Technology Agency：JST）が構築する日本の科学技術情報の電子ジャーナルを提供するプラットフォーム（ソフトウェアが動作する土台となる環境のこと）である。科学技術情報発信・流通総合システムといい，日本の学協会が発行する学術雑誌 2,000 誌以上の電子ジャーナルや会議論文・要旨集，研究報告書，一般解説誌等を検索できる。電子ジャーナルのほとんどは無料で閲覧可能であるが，一部認証付きの論文がある。また，論文単位で有料販売されている論文もある。すべての論文にDOI が付与されている。簡易検索と詳細検索ができる。被引用文献も閲覧できる場合がある。例えば，「原田智子」を簡易検索画面で検索ボックスに入力して検索すると，原田智子が著者の文献および原田智子が引用文献や参考文献として掲載されている文献，記事中に原田智子という名前が出てくる文献などがすべて検索される。3-6 図は，原田智子が著者ではなく，参考文献として掲載された文献の表示例である。

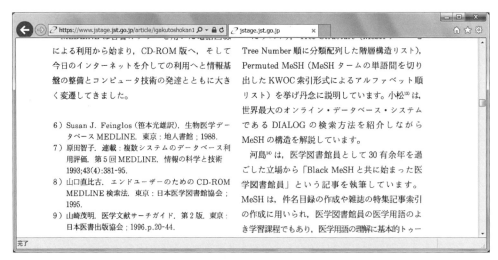

による利用から始まり，CD-ROM 版へ，そして今日のインターネットを介しての利用へと情報基盤の整備とコンピュータ技術の発達とともに大きく変遷してきました。

6）Susan J. Feinglos（笹本光雄訳）．生物医学データベース MEDLINE．東京：地人書館；1988.
7）原田智子．連載：複数システムのデータベース利用評価．第5回 MEDLINE．情報の科学と技術 1993;43(4):381-95.
8）山口直比古．エンドユーザーのための CD-ROM MEDLINE 検索法．東京：日本医学図書館協会；1995.
9）山崎茂明．医学文献サーチガイド．第2版．東京：日本医書出版協会；1996.p.20-44.

Tree Number 順に分類配列した階層構造リスト)，Permuted MeSH (MeSH タームの単語間を切り出した KWOC 索引形式によるアルファベット順リスト)を挙げ丹念に説明しています。小松[13]は，世界最大のオンライン・データベース・システムである DIALOG の検索方法を紹介しながら MeSH の構造を解説しています。

河島[14]は，医学図書館員として 30 有余年を過ごした立場から「Black MeSH と共に始まった医学図書館員」という記事を執筆しています。MeSH は，件名目録の作成や雑誌の特集記事索引の作成に用いられ，医学図書館員の医学用語のよき学習課程でもあり，医学用語の理解に基本的トゥー

3-6図　J-STAGE で検索された原田智子が参考文献に掲載された文献の表示例
（出典：青木仕．Index Medicus, MEDLINE, MeSH の変遷とその歴史．医学図書館．1999, vol. 46, no. 3, p. 289）

24　J-GLOBAL

　科学技術振興機構（JST）が作成する国内外の主要な科学技術・医学・薬学文献の書誌情報を中心に，国内の研究者情報，特許庁が作成する特許情報，国内の研究課題，国内の大学や機関情報，科学技術用語，化学物質，遺伝子情報，JST が収集・所蔵する国内外の資料情報，国内外の大学・公的研究機関等に関する研究資源情報を収録している。すなわち，国立国会図書館，J-STAGE，Crossref，J-PlatPat，PubMed などの多くの連携サイトと情報をリンクさせて，より詳細な情報へ案内している。検索はこれらの情報を統合的に検索できる「すべて」のほか，ドロップダウンリストから「研究者」「文献」「特許」「研究課題」「機関」「科学技術用語」「化学物質」「遺伝子」「資料」「研究資源」の目的別検索を選択できる。また，2 章 2.4.3「(2) シソーラス」で述べた『JST 科学技術用語シソーラス』を無料でみることができる「シソーラス map」がある。このほか，例えば検索結果の当該文献に内容が近い文献，内容が近い研究課題，内容が近い研究者，内容が近い特許，この文献を引用している文献あるいは特許などが提示される場合もある。

25　国文学論文目録データベース

　国文学研究資料館所蔵の日本国内で発表された雑誌，紀要，単行本（論文集）等に収められた，1888(明治 21)年以降の日本文学・日本語学・日本語教育の研究論文を検索できる。印刷物の『国文学年鑑』をデータベース化したものであるため，『国文学年鑑』作成時に国文学研究資料館に収蔵されていなかった論文は，検索することができない。論文データは随時更新されている。簡易検索と詳細検索ができる。詳細検索の項目間はドロップダウンリストから AND，OR，NOT を選べる。同一項目内での論理演算も可能で，論理積（AND 検索）はブランク（スペース），論理和（OR 検索）は，「|」（半角パイプ），論理差（NOT 検索）は「!」（半角エクスクラメーション）を使用して検索することができる。フ

レーズ検索は「"」（半角ダブルクォーテーション）で検索語を囲んで検索できる。検索結果の表示は書誌情報のみであるが，人手による索引語付与が行われているため，書誌データには検索語がなくても，検索結果を得ることができる。

26　MagazinePlus

国立国会図書館の雑誌記事索引，明治・大正・昭和戦前期雑誌，学会年報，研究紀要，経済誌，大衆誌，地方史誌，海外企業誌，学術論文集，文芸誌などの記事や論文などを検索できる。国立国会図書館の雑誌記事索引は NDL ONLINE を利用すれば無料で検索できるが，その他の情報資源も含めて検索したい場合に有用である。CiNii Articles でも無料で検索できる記事や論文もあるが，CiNii Articles の収録対象雑誌であっても，CiNii Articles では検索できない記事や論文が検索できる場合がある。

27　雑誌記事索引集成データベース「ざっさくプラス」

『明治・大正・昭和前期　雑誌記事索引集成』（皓星社）をもとに作成されたデータベースであるため，明治初期から現在までに日本で発行された雑誌記事（総合雑誌から地方誌を含む）を検索できる。また，1948 年以降のデータを収録している NDL ONLINE の雑誌記事索引を含む CiNii Articles とも連携している。そのため，国立国会図書館の所蔵および全国の大学図書館の所蔵状況も調べることができる。新旧字対応を可能にする独自の用語集を構築して，表記のばらつきに対応した検索が可能である。

28　Web OYA-bunko

大宅壮一文庫が所蔵する明治以降から現在までの大衆向けの一般雑誌の記事を検索できる。印刷物の『大宅壮一文庫雑誌記事索引総目録』のウェブ版であるが，大宅式分類法に基づいて，索引の専門家が約 7,000 の件名項目から索引語を付与している。記事の種類（グラビア，インタビュー，対談，座談，書評，小説）と分類項目からの検索ができるところに特徴がある。さらに補足コメントや検索用キーワードも追加している。データの更新は月～土曜日に毎日行われている。サービス対象により，教育機関版，公立図書館版，会員版がある。

29　PubMed

米国国立医学図書館（National Library of Medicine：NLM）内の国立生物科学情報センター（National Center for Biotechnology Information：NCBI）が作成する生物医学，歯学，薬学，看護学，栄養学，獣医学分野の世界の学術論文を収録するデータベースである。商用データベースの MEDLINE の情報を中心に，MEDLINE に収録されない情報，データ整備前の情報，出版社から直接提供される情報も含む。MEDLINE は有料であるが，PubMed は米国国立医学図書館のウェブサイトから誰でも無料で検索できる。MEDLINE の情報には，MeSH（Medical Subject Headings）による統制語が付与されているため，MeSH を使用した統制語検索もできる。MeSH については，1 章 1.2.1「(4) 近接演算」の脚注 5 で既述した。

30　医中誌 Web

　国内発行の医学，歯学，薬学，看護学などの約 7,000 誌から収録した 1964 年以降の学術論文を検索できる。1903(明治 36)年に創刊された抄録誌（1996 年から索引誌）の『医学中央雑誌』の冊子体（月刊誌）は 2002 年に，冊子体（年刊累積版）は 2005 年に，終刊した。CD-ROM 版も 2006 年に終刊した。現在はインターネット配信による医中誌 Web のみサービスされている。『医学用語シソーラス』による統制語が付与されているため，統制語による検索ができる。PubMed，CiNii Articles，J-STAGE，IRDB などへの電子ジャーナルへのリンク機能がある。なお，1903 年の創刊号から 1983 年 3 月発行分までの『医学中央雑誌』は，国立国会図書館デジタルコレクションで全文が閲覧できる。個人向けサービスと図書館や医療機関の法人向けサービスの 2 種類の契約がある。

31　IRDB

　IRDB（学術機関リポジトリデータベース：Institutional Repositories DataBase）は，日本国内の学術機関リポジトリに登録されたコンテンツのメタデータを収集し，提供するデータベースサービスである。大学や研究機関に蓄積された学術雑誌論文，学位論文，研究紀要，研究報告書などを横断検索できる。簡易検索と詳細検索があり，本文があるもの（本文をオンラインで入手可能なもの）だけに限定して検索することもできる。検索結果の一覧リストから，各大学等の機関リポジトリへリンク機能によりとぶことができ，原報（電子ジャーナルの記事）を閲覧・ダウンロードすることができる。

(4)　新聞記事に関する情報資源

　新聞は，原紙，縮刷版，マイクロフィルム，CD-ROM 版や DVD 版，オンラインデータベースと，多様なメディアによって提供されている。速報ニュースは各新聞社のウェブサイトで確認できるが，紙面と同じ記事や依頼記事などは有料での利用となる。しかし，電子化に伴う著作権の問題から，紙メディアに掲載されている写真が，データベースではその部分が白紙になっていることもあり，必ずしもすべて同じ内容とはいえない場合もある。新聞記事は各社とも基本的に毎日更新されている。

32　聞蔵Ⅱビジュアル

　1879(明治 12)年の創刊号以降の朝日新聞の新聞記事および広告が検索できる。1985 年以降の記事は全文検索ができ，『AERA』『週刊朝日』の記事と一緒に検索できる。1879 年から 1999(平成 11)年までの『朝日新聞縮刷版』，新語辞典の『知恵蔵』，人物データベース，歴史写真アーカイブ，1923(大正 12)年の創刊から 1956(昭和 31)年までの『アサヒグラフ』，英文ニュースデータベースも収録している。明治，大正，昭和期の記事の検索には，「歴史キーワード」が付与されているので，原文に言葉がなくても検索できる。

33　ヨミダス歴史館

　1874(明治 7)年の創刊号から 1989(平成元)年までの読売新聞紙面イメージ，1986(昭和

61)年からの読売新聞記事テキスト（2008年12月以降は紙面イメージあり）については，全文検索あるいはキーワード検索ができる。明治から昭和終戦直後頃の記事には，現代の言葉で見出しとキーワードを付与しているので，明治の新聞も現在の言葉で検索できる。1989年以降の読売新聞社発行の英字新聞 The Japan News も収録している。本文表示画面で，「この記事を邦文で読む」をクリックすると，関連の邦文記事へジャンプする。現代の国内外のキーパーソン（一部故人を含む）の人物データを収録する現代人名録を利用すると，特定の人物に関する記事を検索できる。

34　毎索

　1872(明治5)年創刊号から現在までの毎日新聞記事の検索ができる。東京発行の創刊当時の紙名は東京日日新聞であり，1876(明治9)年発行の大阪日報（その後3回の紙名変更あり）が，1948(昭和23)年に毎日新聞という紙名に統一された。そのため，年代によって検索・閲覧できるデータが異なる。1872年から1987(昭和62)年までは主要記事見出しから，それ以降は記事全文から検索でき，1872年から1989(昭和64)年までは PDF 形式，1989(平成元)年から1999年までは FLASH 形式で紙面を閲覧できる。また，1989年以降の週刊経済誌『週刊エコノミスト』と新聞記事の一括検索もできる。毎日ヨロンサーチでは，毎日新聞社が戦後実施してきた世論調査結果をキーワードや日付で検索できる。

35　日経テレコン

　日経テレコンは，新聞記事だけでなく，雑誌記事，企業情報，人物・人事情報，統計情報も検索できる総合的なサービスである。詳細については，本章3-3表に既述した。

36　産経新聞データベース；産経電子版

　産経新聞データベースは，1992年9月以降の記事テキストデータを検索でき，検索した記事本文をテキスト形式で閲覧できる。ただし，2014年1月以降の東京朝刊，大阪夕刊はテキスト形式に加えて紙面切り抜きイメージ画像も閲覧できる。産経新聞データベースは法人向けサービスである。産経電子版は，この他，個人向けのサービスとして，産経新聞，サンケイスポーツ，夕刊フジがあり，検索機能はないが，当日および過去90日分の東京朝刊・大阪夕刊・地域版を収録している。東京朝刊・大阪夕刊は，テキスト形式に加え，記事の切り抜きイメージ画像でも，また，地域版は，紙面イメージ画像で閲覧することができる。産経新聞は広告も閲覧できる。また，産経新聞とサンケイスポーツでは，紙の新聞には掲載していないオリジナルコンテンツも含まれる。

(5)　辞典・事典に関する情報資源

　言葉の読み，語源・字源などの言葉の意味や解説を知りたい場合に辞典を使用する。一方，事物，事象，事柄などについての解説を知りたい場合は事典を使用する。もともと印刷物の辞典・事典があり，それが電子化されたものもあるが，最初から電子版しかないものもある。ネットワーク情報資源として無料で提供されている辞典・事典の中には，冊子

体に比べて内容が簡易なものもある。有料の場合でも，著作権の問題から，本文，図，写真などが必ずしも印刷物と同一とは限らないので，注意が必要である。

37　コトバンク

　朝日新聞出版，講談社，小学館，その他の出版社等が発行する百科事典，人名辞(事)典，国語・英和・和英辞典，現代用語辞典，専門用語集などから，用語や事柄などを無料で横断検索できるサービスである。2020 年 3 月 23 日現在，132 種の辞典・事典等を収録している。検索結果の一覧表示のほか，キーワードの関連語，関連するニュース記事，ウェブ検索など，さまざまな関連情報も一度に表示される。深層ウェブの情報資源ではあるが，検索エンジンの検索結果に表示されることもある。

38　ジャパンナレッジ（JapanKnowledge）

　『日本大百科全書』『日本国語大辞典』『現代用語の基礎知識』など 65 種類以上（2020 年 1 月 31 日参照）の各種辞典・事典を収録し，横断検索と全文閲覧ができる。この中には，『世界大百科事典』『日本歴史地名大系』『国史大辞典』などのオプション契約のものも含まれる。有料でのサービスであり，法人向けのジャパンナレッジ Lib と個人向けのジャパンナレッジ Personal の契約がある。コトバンクと共通する情報資源もあるが，無料のコトバンクでは利用できない辞典・事典も多く含まれている。

39　ブリタニカ・オンライン・ジャパン（Britannica Online Japan）

　日本語版『ブリタニカ国際大百科事典』の大項目事典と小項目事典，および『ブリタニカ国際年鑑』に収録された特集記事，各国情勢と各種統計を検索できる。英語版『Encyclopædia Britannica』のオンライン版である Britannica Academic へのクロスリンクにより，同じ項目の記事を日本語でも英語でも読めるようにしている。コトバンク，ジャパンナレッジにも収録されている。

40　Wikipedia（日本語）

　ウェブ上で複数の利用者が共同でページの編集をすることができる Wiki というシステムを使用して作成されている無料のオンライン百科事典である。閲覧者が簡単にページを修正したり，新しいページを追加したりでき，誰でも自由に見出しや内容の追加登録，修正が可能である。世界中でいろいろな言語で作成されているので，他の言語での同一項目の内容を比較参照できる。他の百科事典には掲載されていない項目が掲載されたり，公式ウェブサイトへのリンク，出典がわかるなどの利点がある。しかし，無記名で記載や修正ができるため，執筆者が不明である。したがって，必ずしもその項目に関する専門家が記述しているとは限らないという問題点がある。そのため，誤り，書きかけ，不適切な内容が記載されていることもある。出版社による百科事典では，項目ごとに執筆者名が書かれており，さらに監修者や大勢の編者がいるため，個々の項目に対する内容と質を保証している。Wikipedia でも編集者はいるもののすぐに対応できるとは限らない。これらの点を承知のうえで使用すべきである。

41 goo 辞書

小学館の『デジタル大辞泉』『使い方の分かる類語例解辞典新装版』『プログレッシブ英和中辞典』『プログレッシブ和英中辞典』，三省堂の『新明解四字熟語辞典』，各種専門用語辞典・事典などを収録している。Wikipedia の項目も検索できる。検索では，これらを横断検索することができ，完全一致検索，前方一致検索，後方一致検索，説明文や見出し語の中間一致検索ができる。

(6) 統計・データに関する情報資源

統計やその元になるデータに関する情報資源は，数値情報を提供するものである。統計年鑑や専門分野の年鑑などには統計表が掲載されている。印刷物では，掲載されているデータ（数値）を知ることはできるが，それらについて分析したり傾向を探ったりするためには Excel などの表計算ソフトに数値を入力しなければならない。しかし，ネットワーク情報資源で利用可能な統計を利用すれば，Excel 形式や CSV 形式[7]で統計表をダウンロードできる場合がある。

42 政府統計の総合窓口（e-Stat）

種々の日本の統計が閲覧できる政府統計ポータルサイトである。各府省が公表する統計データを一つにまとめ，統計データを検索したり，地図上に表示したりできる。統計データの検索では，すべて（政府統計一覧），分野，組織（統計を作成した府省等）からそれぞれ探すことができ，Excel の統計表を表示したりダウンロードしたりすることができる。論理積（AND 検索）と論理差（NOT 検索）ができ，丸カッコを使用すると（ ）内が先に演算処理される。地図で見る場合は，地図で見る統計（統計 GIS），統計データダウンロード，境界データダウンロードの 3 種類があり，CSV 形式で表をダウンロードできる。その他，トレンド，地域の主要データ，統計分類・調査項目，統計に用いる分類・用語，市区町村名・コード，調査項目についても知ることができる。

43 総務省統計局統計データ

総務省統計局が実施している統計調査などの結果を，さまざまな観点から探せるように公表しているウェブサイトである。分野別一覧では，国勢調査，経済センサス，人口推計，労働力調査，家計調査，消費者物価指数など統計局が実施している統計調査・加工統計および日本統計年鑑，日本の統計，世界の統計などの総合統計書を公開している。50 音順一覧，公表スケジュール，統計トピックス，統計表一覧（Excel 集），総合統計書などの観点からも統計表を探すことができる。統計データは Excel ファイルでダウンロードすることができる。政府統計の総合窓口（e-Stat）へのリンクもある。

7：CSV 形式とは，カンマ区切りのテキストファイル形式で，Excel でそのまま開くことができるファイル形式のことである。Excel がそのコンピュータにインストールされていなくても，CSV 形式はテキストファイル形式であるため，メモ帳で開くことができる。

44　気象庁各種データ・資料

気象，地球環境・気候，海洋，地震・津波・火山に関する観測データなどを提供している。例えば，気象観測データでは，当日の全国の観測データから，過去のデータまで調べることができる。データは，CSV形式でダウンロードできる。

45　司法統計

民事，刑事，行政の裁判その他，国の法執行に関する統計の総称を司法統計という。最高裁判所の司法統計情報を検索するシステムを利用すると，年報，月報（速報値），グラフで見る統計情報の3種類から，司法統計を閲覧することができる。年報では詳細検索もできる。検索結果一覧表示から，年報の統計データをPDF形式で閲覧することができる。

46　理科年表プレミアム

1925（大正14)年の創刊から最新版までの『理科年表』の膨大な自然科学に関するデータを掲載している。暦部，天文部，気象部，物理／化学部，地学部，生物部，環境部の7部門にわたる約15,000項目の図表データにアクセスできる。目次および索引からの検索，全文検索ができる。すべての表データがCSV形式でダウンロードでき，保存したデータを加工，編集できる。

(7) 法令・条約・国会会議録に関する情報資源

法令（憲法，法律，政令，勅令，府令，省令，規則）や条約に関しては電子化が進み，その詳細をネットワーク情報資源として利用できる。国会会議録についても同様で，その詳細をネットワーク情報資源として検索し閲覧できる。

47　電子政府の総合窓口（e-Gov）

総務省行政管理局が運営する総合的な行政情報ポータルサイトである。e-Gov法令検索，所管の法令・告示・通達等への案内，国会提出法案（各府省が提出した法律案等への案内），日本法令外国語訳データベース（法令に含まれる用語（キーワード），法令名，法令番号，分野，翻訳担当機関から法令データの検索），条約データ検索（条約および最近署名を行った条約のデータベース検索）などの検索サービスがある。さらに，白書・年次報告書等，各府省が実施した統計調査結果，官報，政府統計の総合窓口（e-Stat）等へのリンクも用意されている。なお，2020年9月末に電子政府の総合窓口（e-Gov）は更改される予定である。

48　e-Gov法令検索

電子政府の総合窓口（e-Gov）の中にあり，現行施行の法令および未施行法令を検索できる。法令名，五十音順，事項別，法令番号から，法令を検索することができる。また，法令用語の検索では，指定した用語を含む法令を検索できる。法令名検索では，法令名完全一致，略称法令名検索，中間一致による法令名の結果を一覧表示する。一覧表示結果には法令番号も一緒に表示される。見たい法令名をクリックすると，法令の全文が表示され

る。条文の本文中に記載されている別の法令へのリンク機能もある。XML 形式でのダウンロードができる。当該法令の日本法令索引へのリンクボタンにより，日本法令索引の法令沿革一覧で改正状況を確認することができる。

49　日本法令索引

　1886(明治 19)年 2 月の公文式施行以降の法令，および帝国議会・国会に提出された法案の索引情報を検索・閲覧でき，本文情報へのリンクがある。また，帝国議会・国会に提出された法律案等および国会に提出された条約承認案件も収録している。キーワードによる簡易検索のほか，法令名，法令・法案区分（現行法令，改正法令，廃止法令，法律案，条約承認案件），公布年月日，法令番号の各項目を指定できる詳細検索がある。日本法令索引［明治前期編］は，1867(慶応 3)年 10 月の大政奉還から 1886(明治 19)年 2 月までに制定された法令の制定・改廃経過等が検索できる。国立国会図書館デジタルコレクションや国立公文書館デジタルアーカイブ等への法令本文参照リンクがある。

50　官報

　官報は，法律，政令，条約等の公布など，国の機関としての諸報告や資料を公表する日刊（行政機関の休日を除く）で発行される「法令の公布紙」「国の情報紙」「国民の公告紙」である。ネットワーク情報資源の官報は，3 種類提供されており，検索，閲覧できる期間が異なる。印刷物の『官報』は 1883(明治 16)年 7 月 2 日に創刊された。現在は，印刷物の『官報』の補完的役割を果たすものとして，電子化された 3 種類の官報が提供されている。なお，この 3 種類は，それぞれ収録範囲が異なっている。

①国立国会図書館デジタルコレクションの中に収録されている官報は，1883(明治 16)年 7 月 2 日の創刊号から 1952(昭和 27)年 4 月 30 日までの官報が書誌情報とともに画像情報として無料で検索・閲覧できる。年月日からも閲覧できるが，キーワード検索もできる。

②官報情報検索サービスは，国立印刷局が有料で提供するサービスである。1947(昭和 22)年 5 月 3 日以降から検索当日発行分までの官報を検索できる。日付やキーワードを指定して検索できる。検索結果からテキスト表示あるいは PDF 形式での閲覧ができる。

③インターネット版官報は，2003(平成 15)年 7 月 15 日以降の法律，政令等の官報情報と，2016(平成 28)年 4 月 1 日以降検索当日までの政府調達の官報情報を，PDF 形式で無料閲覧できる。直近 30 日間の官報情報（本紙，号外，政府調達等）は，すべて無料で閲覧できる。なお，当日分は午前 8 時 30 分以降に公開される。

51　条約データ検索

　官報および外務省が暦年発行している条約集をもとに，現行の国会承認条約等を収録している。現在日本が締結している条約を検索できる。条約名検索，条約の事項別分類で検索，条約締結の相手国名や地域（地域・国名別検索）から検索することができる。検索結果一覧の条約名称をクリックすると PDF 形式でその内容を閲覧できる。

52　国会会議録検索システム

1947（昭和 22）年 5 月に開催された第 1 回国会以降のすべての本会議，委員会等の会議録を検索できる。データは毎日更新され，会議開催後 2～3 週間で検索できるようになる。キーワードから検索できる簡易検索と検索項目を指定して検索する詳細検索ではテキスト検索ができる。検索結果一覧から当該会議録のテキスト部分全体を表示することができる。また会議録の画像（PDF 形式）があるものは，画像での閲覧もできる。なお，1890（明治23）年 11 月開催の第 1 回帝国議会から 1947（昭和 22）年 3 月開催の第 92 回帝国議会会議録は，帝国議会会議録検索システムで検索，閲覧できる。

（8）地図に関する情報資源

電子化された地図は日常生活でも非常によく利用されており，Google マップ，Yahoo! JAPAN 地図，goo 地図，Bing 地図，MapFan，Mapion などがあり，それぞれ特徴のあるサービスを行っている。この中には古地図も閲覧できるサービスがある。

53　地理空間情報ライブラリー

国土地理院の地図・空中写真の基本測量成果および国・地方公共団体が整備した図面等の公共測量成果が登録されており，住所や施設名で地図や空中写真を検索し，現在および過去の空中写真等を閲覧できる。地理院地図（電子国土 Web），古地図コレクション，基準点成果等閲覧サービスなどがある。

（9）人物に関する情報資源

歴史上の人物に関しては百科事典，歴史事典，専門事典が役立つが，現代の人物に関する情報資源は，更新が頻繁に行われるネットワーク情報資源が有効である。

54　researchmap

国内の大学や研究機関等の研究者情報およびコミュニティ情報を検索できる。研究者の名前や所属機関のほか，研究分野，研究課題，研究業績などを調べることができる。データの入力や更新は，研究者自身が行う。

55　近代日本人の肖像

国立国会図書館の電子展示会の一つのサービスで，近代日本の形成に影響のあった，政治家，官僚，軍人，実業家，学者，芸術家等約 600 名の肖像写真を収録している。一覧には，肖像写真と氏名，生年・没年が表示される。一覧表示の写真をクリックすると，肖像写真，職業・身分，出身地，生年月日と没年月日，号・別称等，解説，著作一覧へのリンク情報が得られる。職業・身分，人名 50 音順，出身地（都道府県），生年月日順（1800 年代～1910 年代まで）から検索できる。

56　人名事典

作家などを含む約 5,100 名（2020 年 1 月 31 日参照）の人物情報を検索できる。氏名を

五十音順一覧から選択するか氏名からの検索ができる。解説文の言葉は検索できない。

57　WhoPlus

　歴史上の人物から現在活躍中の人物まで，32万人（日本人24万人と外国人8万人）を収録した「who」（人物・文献情報）に，日外アソシエーツの人物関連事典・索引6種類から28万人のデータを追加した「plus」と，併せて約60万人（2020年1月31日現在）を横断検索できる人物情報データベースである。人名検索，全文検索，キーワード検索ができる。whoの部分だけの詳細検索ができる。その人物に関する文献情報とその人物が書いた書籍（BookPlus情報）や雑誌記事・論文（MagazinePlus情報）も調べられる。

(10) 企業に関する情報資源

　企業が発信するウェブサイトを調べることは情報を得る上では参考になるが，都合の悪い情報はあえて記載されないため，客観的な情報資源を使用する必要がある。情報量の面では企業情報を提供する商用データベースを使用することが望ましいが，無料でもある程度の情報を得ることができる。

58　Yahoo! JAPAN ファイナンス

　東洋経済新報社が刊行する『会社四季報』の最新号の内容の提供を受けて，全上場企業の基本情報や決算情報を掲載しているサービスである。「上場企業検索」あるいは「未上場も検索」の2種類から検索できる。「上場企業検索」では，企業名あるいは4桁の銘柄コード（証券コード）を入力して検索すると，会社概要（会社の特色，連結事業，本社所在地，最寄り駅，電話番号，業種分類，英文社名，代表者名，設立年月日，市場名，上場年月日，決算，単元株数，従業員数，平均年齢，平均年収），単独決算推移，連結決算推移，中間決算，株価情報が得られる。「未上場も検索」では，企業名から検索できる。このほか，「業種から探す」から企業名の4桁の銘柄コードをクリックすると，同様の情報が得られる。

59　EDINET

　上場企業が金融商品取引法に基づいて作成する有価証券報告書等を無料で検索・閲覧できる。書類簡易検索，書類詳細検索，全文検索ができる。企業が名称変更した場合などに過去の名称でも検索できる。検索結果から，有価証券報告書のPDF形式による閲覧，書類のXBRL[8]をダウンロードでき，書類を比較対象書類一覧に追加することができる。

(11) 判例に関する情報資源

　判例とは，狭義には最高裁判所が裁判の理由の中で示した法律的判断のうち，先例として事実上の拘束力をもつものをいう。広義にはすべての裁判所の過去の裁判例のことを指

8：XBRL（Extensible Business Reporting Language）は，事業報告用の情報（財務・経営・投資などの情報）を作成，利用できるように標準化されたXMLベースのコンピュータ言語のことである。特に，財務情報の既述と，財務諸表や内部報告などの開示情報の記述に適している。

す。身の回りに起きたトラブルや事件に関しての判例を知りたい場合に，判例情報や判例集が参考になることがある。

60　裁判例検索

裁判所全体の最近の主な判例を無料で検索することができる。最高裁判所判例集，高等裁判所判例集，下級裁判所裁判例速報，行政事件裁判例集，労働事件裁判例集，知的財産裁判例集を個別に検索することもできるが，全判例を統合検索することもできる。キーワードによる論理積（AND 検索）と論理和（OR 検索）による全文検索ができる。検索結果から，全文を PDF 形式で閲覧できる。

61　消費者問題の判例集

比較的身近に起きた消費者トラブルの判例を紹介している。検索機能はなく，年度別の一覧リストから選択して内容を閲覧することができる。事案の概要，理由，解説，参考判例に分けて記載されている。

(12) 産業財産権に関する情報資源

人間の幅広い知的創造活動の成果について，その創作者に一定期間の権利保護を与えるようにしたのが知的財産権制度である。知的財産および知的財産権は知的財産基本法によって保護されている。知的財産権のうち，特許権，実用新案権，意匠権，商標権を産業財産権という。知的財産は，ものと情報を保護の対象としており，特に財産的価値を有する情報に対して，社会が必要とする限度で自由を制限する制度が知的財産権制度である。詳細については 4 章「4.1 知的財産権の体系」で述べる。

62　特許情報プラットフォーム（J-PlatPat）

特許庁が保有する 1885(明治 18)年以降の産業財産権に関する情報資源などを無料で検索できる。特許，実用新案，意匠，商標，審決の公報，外国公報，非特許文献，審査経過情報など，知的戦略に必要となる基本的な情報の検索・閲覧機能を提供している。特許請求の範囲に書かれた発明を詳しく説明する文書を特許明細書というが，これを見たい場合，1992(平成 4)年以前に出願された「公開特許公報」ならびに 1995(平成 7)年以前の「特許掲載公報」（単に「特許公報」ともいう）は，特許番号，公開番号，出願番号，出願日から検索できる。ただし，それらの番号や日付を正確に把握している必要がある。なお，昭和時代の特許明細書の検索に，キーワードによる検索が可能な場合もある。

(13) アーカイブサイトに関する情報資源

本章「3.2.3 検索エンジンによる検索時の注意事項」で既述したように，検索エンジンは検索時点でのウェブページを検索対象としているため，各ウェブページの最新内容を検索することができる。しかし，書き換えられる前の過去のウェブページや削除されたウェブページを検索することはできない。過去のウェブページを閲覧したい場合は，過去のウェ

ブサイトを収集しているアーカイブサイトで検索する必要がある。アーカイブサイトでは，当時のリンク先も含めて保存されている場合が多い。ただし，ウェブページの収集に当たっては収集ロボット（クローラともいう）による自動収集のため，特定の年月日のウェブサイトの内容を閲覧するということはできない。

63　国立国会図書館インターネット資料収集保存事業（WARP）

　各国の国立図書館などでは 2000 年頃からウェブアーカイブが実施され始め，日本でも 2002 年に国立国会図書館によってウェブ情報収集が開始された。ウェブ情報を文化資産として将来の世代のために保存するプロジェクトである。WARP では，国の機関，自治体，法人・機構，大学，政党，イベント，電子雑誌，その他の 8 種のコレクションに大別している。キーワードなどを入力する簡易検索，本文（キーワード，ページ URL，ファイル種別）やメタデータ（タイトル，編者，公開者（出版者），起点 URL など），保存日などの各項目による詳細検索，コレクション検索（コレクション種別からカテゴリーをたどって検索する方法）がある。検索結果一覧から閲覧したいものを選択すると，メタデータと保存したウェブサイトの保存日と永続的識別子の一覧が表示されるので，閲覧したい保存日をクリックするとその日のウェブサイトが表示される。

　WARP については，2 章 2-2 表にも簡単に既述した。

64　Wayback Machine

　米国の非営利団体 Internet Archive が運営し，日本を含む世界中のウェブサイト，ウェブページを対象に 1996 年以降から収集・保存している。閲覧したいウェブページの URL あるいはキーワードを入力すると，収集年別の収集量を表す棒グラフとカレンダーが表示される。閲覧したい年の収集日（ウェブページを収集した日付はカレンダーに水色の円で表示されている）をクリックすると，その日のウェブページを閲覧することができる。

　URL による検索では当時の URL を入力する必要がある。例えば，2001(平成 13)年に中央省庁再編で文部省は科学技術庁と統合され，文部科学省となった。そのため，文部科学省の URL である http://www.mext.go.jp/ を使用しても 2001 年以降のウェブサイトしか閲覧できない。2000 年以前の文部省のウェブサイトを閲覧したい場合は，文部省の URL である http://www.monbu.go.jp/ を入力するか，過去の URL がわからない場合は，文部省の英語 Ministry of Education, Science and Culture を入力すると，文部省の URL が候補として表示されるのでそれを選択すると，文部省の過去のウェブサイトを閲覧できる。なお，大蔵省は財務省に名称変更されたが，英語は Ministry of Finance のままであり，URL も https://www.mof.go.jp/ と変更がない（http も https も区別されない）ため，1996 年以降のウェブサイトが分割されず一度に参照できる。

　Wayback Machine については，2 章 2-3 表にも簡単に既述した。

4章

知的財産権

〈4章　学習のポイント〉

　知的財産権の体系を踏まえ，まず産業財産権では各権利取得までの流れ，各権利の存続期間および特徴を知る。次に著作権では国際条約を知ることで世界の著作物保護の流れをつかみ，保護対象とする著作物に何があり，権利体系がどうなっているかを理解する。さらに適切な著作物利用の基礎知識として，身近な複製制限，各権利者の存続期間および公衆送信権と送信可能化権の違いを理解する。そして著作物の再利用に関する動きを知る。

4.1　知的財産権の体系

　知的財産とは，人の知的創造活動によって生み出される財産のことである。知的財産については，各国の国際的な産業および文化交流が進む中，さまざまな侵害が起こっている。わが国においては，国際競争力の強化，経済の活性化の観点から知的財産の重要性が高まっている状況をかんがみ，内閣に知的財産戦略本部が設置（2003(平成 15)年 3 月 1 日）された。設置までの沿革は次のとおりである。

- 2002(平成 14)年 2 月 25 日　　知的財産戦略会議の開催を決定
- 2002(平成 14)年 12 月 4 日　　知的財産基本法を公布
- 2003(平成 15)年 3 月 1 日　　知的財産基本法を施行
- 2003(平成 15)年 3 月 1 日　　知的財産戦略本部を設置

　その後，同本部は毎年，有識者により策定した知的財産推進計画を国民に提供するとともに，さまざまな諸問題の取りまとめ結果も報告している。例えば，直近では，「インターネット上の海賊版サイトに対する緊急対策」(2018(平成 30)年 4 月 13 日)でブロッキング対象ドメインの考え方などを示し，「知的財産分野における TPP への政策対応について」(2015(平成 27)年 11 月 24 日) で知的財産制度の具体的な整備などを示した[1]。

　知的財産基本法では，「知的財産」および「知的財産権」を次のように定義している。

1：首相官邸. 知的財産戦略本部. http://www.kantei.go.jp/jp/singi/titeki2/, （参照 2020-02-17）.

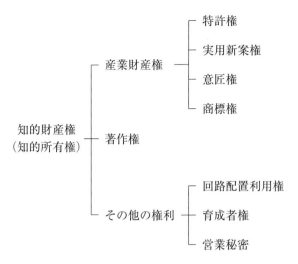

4-1 図　知的財産権の体系

　「知的財産」とは，発明，考案，植物の新品種，意匠，著作物その他の人間の創造的活動により生み出されるもの（発見又は解明がされた自然の法則又は現象であって，産業上の利用可能性があるものを含む。），商標，商号その他事業活動に用いられる商品又は役務を表示するもの及び営業秘密その他の事業活動に有用な技術上又は営業上の情報をいう（知的財産基本法第二条第1項）。

　「知的財産権」とは，特許権，実用新案権，育成者権，意匠権，著作権，商標権その他の知的財産に関して法令により定められた権利又は法律上保護される利益に係る権利をいう（知的財産基本法第二条第2項）。

　これまでの産業や文化は，先人達の業績があって発展してきた。仮に，そのような業績を誰でも自由に利用できたならば，お金を費やして一生懸命努力して開発した人，創作した人はどう思うだろうか。知名度の高いブランドの名前をつけた偽物商品を高額でつかまされた消費者はどう思うだろうか。人の知的創造活動の成果について，その創作者などに一定期間の権利保護を与え，産業の発達や文化の発展が阻害されることのないように，さまざまな法律で創作者などを保護するために知的財産権制度がある。
　知的財産権は，産業財産権，著作権，その他の権利という三つに大きく分けられる（4-1図）。産業財産権（特許権，実用新案権，意匠権および商標権）は産業の発達に寄与するために存在する権利で特許庁が所管する。著作権は文化の発展に寄与するために，文芸や学術，美術，音楽といった文化的創作活動に関する権利で文化庁が所管する。

4.2　産業財産権等

　産業財産権は，いずれの権利も設定登録されると公報が発行され，登録された内容は誰でも知ることができる。知る手段としては，工業所有権情報・研修館が提供している特許情報プラットフォーム（J–PlatPat）がある。詳細は「3.3 ネットワーク情報資源の種類」で既述した。

(1) 特許権

　特許権は特許法により権利が保護される。特許法では，発明者に「特許を受ける権利」を与える。「特許を受ける権利」は財産権の性格を有しており，他人に移転することができる。「特許を受ける権利」を有する人は特許出願し，一定の要件を満たすことにより，権利を取得できる。権利取得までの主な流れは，出願→方式審査（出願書類が特許法の定めどおりに揃っているか）→出願公開→実体審査（出願内容が権利を受ける諸要件を満たしているか）→設定登録である。特許権の存続期間は，出願日から20年（医薬品などの一部では延長登録出願により延長が認められれば5年を限度に期間延長となるものもある）である。なお，特許権は設定登録日からはじまるので，実質的な権利存続期間は20年以下（延長できた場合は最大25年以下）となる。

　特徴としては，特許権は特許出願後，1年6か月経過すると特許庁により出願内容が公開され，権利を取得したい場合は出願後3年以内に審査請求をしなければ，出願を取り下げたものとみなされ，実体審査されずに終える。

(2) 実用新案権

　実用新案権は実用新案法により権利が保護される。保護の対象は，物品の形状，構造または組み合わせにかかる考案（いわゆる小発明）としている。特許権と同様に権利を他人に移転できる。権利取得までの主な流れは，出願→方式審査→設定登録である。2005（平成17）年4月1日以降の出願の場合，実用新案権の存続期間は出願日から10年である。なお，特許権と同様に，実用新案権は設定登録日からはじまるので，実質的な権利存続期間は10年以下となる。

　特徴としては，実用新案権は出願公開がなく，実体審査も行われない。そのため，権利者が“権利侵害者に対して登録した考案が有効であること”を提示する必要がある場合，あるいは第三者が“登録された考案が本当に有効なものなのか”を確認する必要がある場合，考案の有効性を評価する資料を特許庁に請求できるという実用新案技術評価制度が設けられている。

(3) 意匠権

　意匠権は意匠法により権利が保護される。保護の対象は，物品の形状，模様，色彩もしくはこれらの結合，建築物の形状等または画像であって，視覚を通じて美感を起こさせるものである。特許権と同様に権利を他人に移転できる。権利取得までの主な流れは，出願→方式審査→実体審査→設定登録である。意匠権の存続期間は 2020(令和 2)年 4 月 1 日以降の出願については出願日から 25 年である。同年 3 月 31 日以前の出願については設定登録日から 20 年，2007(平成 19)年 3 月 31 日以前の出願については設定登録日から 15 年である。

　特徴としては，出願公開がなく，設定登録日から最大 3 年間，第三者に対して公開を秘密にできるという秘密意匠制度がある。この制度の趣旨は第三者による模倣防止である。

(4) 商標権

　商標権は商標法により権利が保護される。商標とは，文字，図形，記号，立体的形状若しくは色彩又はこれらの結合，さらに，音，ホログラム（文字などが見る角度によって変化して見える），動き（文字などが時間の経過にともなって変化），位置（文字などの商標を商品に付す位置）を保護対象とし，事業者が「商品」または「役務」について使用するものをいう。特許権と同様に権利を他人に移転できる。権利取得までの主な流れは，出願→方式審査→出願公開→実体審査→設定登録である。

　特徴としては，特許権と同様，商標権は出願公開されるが，その時期は出願してから 1 〜2 か月後である。また，商標権の存続期間は商標権の設定登録日から 10 年であるが，商標権は技術の保護と公開が目的ではなく，権利者の営業活動によって蓄積された信用を保護することを目的としていることから，10 年ごとに更新手続きを繰り返すことで，半永久的に権利を維持できる。

(5) その他

　回路配置利用権（半導体集積回路の回線配置に関する法律。所管は経済産業省）は，同法第三十条に基づきソフトウェア情報センターが登録業務を行っている。取得した権利は他人に移転できる。出願公開がなく，設定登録公示のみである。権利の存続期間は設定登録日から 10 年である。

　育成者権（種苗法）は農林水産省が所管する。取得した権利は他人に移転できる。権利取得までの主な流れは，出願→方式審査→出願公開→実体審査→登録となる。権利の存続期間は登録日から 25 年（永年性植物は 30 年）である。

　営業秘密とは，不正競争防止法第二条第 6 項に「秘密として管理されている生産方法，販売方法その他の事業活動に有用な技術上又は営業上の情報であって，公然と知られていないものをいう。」と定義している。すなわち，営業秘密は，この定義にある三要素（秘密管理性，有用性，非公知性）をすべて満たすことで，不正競争防止法（経済産業省所管）

により保護されることから，不正競争防止法は営業秘密の侵害行為に対する保護強化として欠かせないものである。

4.3　著作権

4.3.1　著作権の概要

　人類は，太古の時代より情報を伝える工夫をし，情報を複製して人々に知識を広げることで，産業革命を起こしてきた。世界で最初の著作権法は，ヴェネツィアにおいて1545年に制定された。しかしながら，その後に登場したイギリスのアン法（1709年制定，1710年施行）が，近代の著作権法に大きく影響を与えたということから，最初の著作法といわれている。

　わが国に著作権という考えを初めて紹介したのは福澤諭吉で，わが国の著作権制度は，1869(明治2)年の出版条例に始まると考えられている。そして，1899(明治32)年に「著作権法」（いわゆる「旧著作権法」）が制定された。現在の著作権法は，旧著作権法を全面改正し，1970(昭和45)年に制定されたものである。その後は，デジタル技術とネットワーク技術の発達および各国の法制度による著作物の保護関係をかんがみ，著作権法の改正が続けられている。

　なお，権利の発生要件を捉えて，著作権は届出および登録手続が不要なことから無方式主義という。これに対し，産業財産権は届出（出願）および登録手続により権利を得ることから方式主義という。

4.3.2　著作権に関する主な国際条約

　著作物とその著作者などの権利は，個々の国ごとの法律で保護されている。しかしながら，著作物は国境を越えて流通し，自国の法律と異なる他国においても利用されることから，さまざまな問題が生じることになる。そこで，多国間で条約を締結し，お互いの国の著作物に関する権利を保護し合っている。以下に主な国際条約の概要を示す。

(1) ベルヌ条約

　正式名称は，「文学的及び美術的著作物の保護に関するベルヌ条約」という。この条約は，陸続きで接し合うヨーロッパ諸国が国境を越えて著作物を保護し合う目的で，1886年にスイスのベルヌ（ベルン）で作成され，1887年に発効となった。わが国は1899年に条約加盟国となった（2019年5月現在，イギリスをはじめ177か国が加盟[2]）。ベルヌ条約は著作物の登録などを行うことなく，著作物を創作した時点で著作権が保護されるという，いわゆる無方式主義を原則としている。これまでに幾度となく改正されてきたが，加盟国の全

会一致でないと改正できない条約であることから，1971年のパリ改正後は改正されておらず，この時から世界知的所有権機関（World Intellectual Property Organization：WIPO）が国際事務局になった。

なお，WIPOは，著作権や特許権をはじめとする知的財産を国際的に保護・推進する目的で1970年に設立され，1974年に国際連合の専門機関となった。本部はスイスのジュネーブにある。

(2) 万国著作権条約

万国著作権条約（Universal Copyright Convention：UCC）は，著作物の登録などを行わないと著作権が保護されないという，いわゆる方式主義と無方式主義の諸国との架け橋的な役割を目的に，1952年にスイスのジュネーブで作成され，1955年に発効となった。国際連合教育科学文化機関（United Nations Educational Scientific and Cultural Organization：UNESCO。フランスのパリに本部を置く）が管理している。わが国は1956年に条約加盟国となった（2019年5月現在，アメリカをはじめ100か国が加盟[3]）。1971年のパリ改正後は改正されていない。この条約の加盟国であれば，加盟後の著作物については著作物の登録などを行うことなく，著作物に条件（著作物の複製物に©の記号，著作権者名および最初の発行年を明記）を整えて表示していれば，著作権が保護されるというものである（UCC第3条[4]）。

なお，この条約とベルヌ条約の両方に加盟している国はベルヌ条約が優先的に適用されることから（UCC第17条[5]），無方式主義の加盟国にとっては，UCCのみに加盟している国に対して意義ある条約といえる。しかしながら，UCCのみに加盟していたアメリカ（1989年ベルヌ条約に加盟）をはじめとする方式主義の諸国がベルヌ条約に加盟したこともあり，UCCによる保護意義は薄れた。

(3) WIPO著作権条約

正式名称は，「著作権に関する世界知的所有権機関条約（World Intellectual Property Organization Copyright Treaty：WCT）」という。ベルヌ条約はデジタル化・ネットワーク化による文化の発展に即した内容の見直しが必要とされたが，同条約加盟国の全会一致が困難であった。そこで，WIPOにおいてベルヌ条約を補完する目的で1996年にWIPO著作権条約が作成され，2002年に発効となった。その後，改正はされていない。わが国は

2：公益社団法人著作権情報センター．外国の著作物の保護は？．https://www.cric.or.jp/qa/hajime/hajime5.html，（参照 2020-03-25）．

3：前掲注2。

4：文部科学省．ユネスコ関係条約一覧／Conventions：1971年7月24日にパリで改正された万国著作権条約（仮訳）．https://www.mext.go.jp/unesco/009/003/011.pdf，（参照 2020-03-25）

5：前掲注4。

4-1 表　各国際条約の特徴

ベルヌ条約	万国著作権条約	WIPO 著作権条約
内国民待遇[※1] 【ベルヌ条約第 5 条】	内国民待遇 【万国著作権条約第 2 条】	内国民待遇 【WIPO 著作権条約第 3 条】
無方式主義[※2] 【ベルヌ条約第 5 条】	著作物に条件を整えて表示 していれば保護される。 【万国著作権条約第 3 条】	無方式主義 【WIPO 著作権条約第 3 条】
遡及[※3] 【ベルヌ条約第 18 条】	不遡及 【万国著作権条約第 7 条】	遡及 【WIPO 著作権条約第 13 条】

※ 1　加盟国間では，外国の著作物であっても，自国の国民と同様の保護を与える。
※ 2　著作物を創作した時点で保護される。
※ 3　条約締結以前に創作された著作物であっても，保護期間の著作物であれば条約が適用される。

2000 年に条約加盟国となった（現在，102 か国が加盟[6]）。同条約には，主にコンピュータプログラムやデータベースの保護，コピープロテクト解除禁止などのデジタル系の保護規定が盛り込まれた。

4-1 表は，上記三つの国際条約の特色を整理したものである。

4.3.3　著作権法と著作物

著作権法では，著作物を「思想又は感情を創作的に表現したものであつて，文芸，学術，美術又は音楽の範囲に属するものをいう。」（第二条第 1 項）と定義している。

具体的な保護対象の著作物は，第十条第 1 項で次のとおり例示している。

一　小説，脚本，論文，講演その他の言語の著作物
二　音楽の著作物
三　舞踊又は無言劇の著作物
四　絵画，版画，彫刻その他の美術の著作物
五　建築の著作物
六　地図又は学術的な性質を有する図面，図表，模型その他の図形の著作物
七　映画の著作物
八　写真の著作物
九　プログラムの著作物

また，著作権法では，二次的著作物，編集著作物，データベース著作物についても保護対象の著作物としている。

二次的著作物とは「著作物を翻訳し，編曲し，若しくは変形し，又は脚色し，映画化し，

6：前掲注 2。

その他翻案することにより創作した著作物」（第二条第1項第十一号）と定義している。例えば，アニメソングをボサノバ風にアレンジすれば，そのアレンジ曲は二次的著作物として保護され，アレンジした人は著作者としての権利を有することになる。したがって，アレンジ曲を利用する人は，アレンジ曲の著作者の許諾のみならず，アレンジ前のアニメソングの著作者からも許諾を得なければならない。

編集著作物とは「編集物でその素材の選択又は配列によつて創作性を有するもの」（第十二条第1項）と定義している。例えば，国語辞典ではどの言葉（素材）を掲載するかといった選択の編集行為があり，職業別電話帳では電話番号（素材）を職業別にどのように掲載するかといった配列の編集行為がある。これらに創作性が認められれば編集著作物として保護されることになる。

データベース著作物とは「データベースでその情報の選択又は体系的な構成によって創作性を有するもの」（第十二条の二第1項）と定義している。データベースとは「論文，数値，図形その他の情報の集合物であつて，それらの情報を電子計算機を用いて検索することができるように体系的に構成したもの」（第二条第1項第十号の三）と定義している。

なお，次の著作物は，著作権の保護が受けられない。

①創作性がない著作物……人事異動リスト，時刻表，株価データ，気象データなど
②著作権の権利の対象とならない著作物……国，地方公共団体によって出版された法令，判例，政府の通達（官報など）など［著作権法第三十二条第2項］
③著作権の権利がなくなった（存続期間が過ぎた）著作物……著作者の死後70年を経過した著作物，公表後70年を経過した映画の著作物など

4.3.4　著作権法の権利体系

著作権法は，保護対象の著作物と著作物を創作する者に与える権利を定めている。また，著作物の流通や伝達に重要な役割を果たす者に与える権利も定めている。前者の権利を「著作者の権利」といい，後者の権利を「著作隣接権」という。「著作者の権利」は，著作物の財産的利益を保護する「著作財産権（狭義の著作権）」と，著作者の人格的利益を保護する「著作者人格権」から成る（4-2図）。

著作財産権は，複製権，公衆送信権・送信可能化権などの11種類の権利から成り，個々

4-2図　著作権の権利体系

の権利ごとに譲渡したり相続することができる。すなわち，譲渡などにより著作財産権の権利は著作者から離れることになる。例えば，研究者が自身の論文を学会誌に投稿する場合，論文の複製権が学会に帰属する契約を交わしたならば，契約後は，著作者自身がオープンアクセスなどで当該論文を情報発信することは学会の複製権侵害にあたる。なお，著作財産権を譲渡などにより受けた権利者は，著作権関係の法律事実を公示するとか，著作財産権の取引の安全性を確保するなどの必要がある場合は，受けた権利を文化庁に登録（著作権登録制度）することで法律上の効果が得られる。

　著作者人格権は，公表権（公表するかしないか，するならば，いつ，どのような方法で公表するかを決めることができる権利），氏名表示権（著作者名を表示するかしないか，するならば，実名か変名を決めることができる権利），同一性保持権（著作者の意に反して，著作物の内容や題号を改変されない権利）の三つの権利から成り，いずれの権利も譲渡や相続はできない。

　著作隣接権は，著作物の流通や伝達の役割を果たす人（隣接者）に与えられる権利で，実演家，レコード製作者，放送事業者，有線放送事業者の四者が権利を有する。権利内容は隣接者ごとに定められており（第九十条の二～百四条），いずれの権利（実演家人格権は除く）も譲渡などができる。なお，実演家は，実演家人格権（氏名表示権と同一性保持権の二つのみ）も有する。

4.3.5　著作権の権利制限

　著作物を利用する場合は，原則としてその著作権者から許諾を得る必要がある。しかし，いかなる場合においても許諾が必要となると，利用が不便になり，第一条に定めている目的「文化の発展に寄与すること」にそぐわないことになるため，同条には「これらの文化的所産の公正な利用に留意しつつ」として，著作権者の権利を制限して，著作権者に許諾を得ることなく利用できることを定めている。ここでは，複製権に関する主な権利制限をとりあげる。

(1) 私的使用のための複製

　第三十条第1項では，「個人的に又は家庭内その他これに準ずる限られた範囲内において使用すること（以下「私的使用」という。）を目的とするとき」は，一定要件下で使用する者が複製することを認めている。例えば，自分の学習や娯楽のために，インターネット（internet）上の著作物をダウンロード（download）したり，購入したCDを複製することなどは許諾なしに行うことができる。ただし，私的使用といっても，コピープロテクト（copy protect。コピーガードとも呼ばれる）を解除しての複製は「技術的保護手段の回避」（第三十条第1項第二号）にあたるため，違法になる。

(2) 図書館等における複製

　第三十一条第1項「国立国会図書館及び図書，記録その他の資料を公衆の利用に供する
ことを目的とする図書館その他の施設で政令で定めるもの」の図書等は複製することが許
されている。同条同項の条文中に記載されている「その他の施設で政令で定めるもの」と
は，著作権法施行令第一章の二第一条の三で具体的に定めている（4-3図）。したがって，
企業の図書室とか資料室などの施設は，同条における複製が認められる施設にあたらない
ため，当該施設に配架されている図書等は著作権者の許諾なしに複製することができない。

　また，第三十一条第1項第一号「図書館等の利用者の求めに応じ，その調査研究の用に
供するために，公表された著作物の一部分（発行後相当期間を経過した定期刊行物に掲載
された個々の著作物にあつては，その全部。第三項において同じ。）の複製物を一人につ
き一部提供する場合」の条文中の「著作物の一部分」の具体的な範囲については，文化庁
著作権審議会第4小委員会報告（1979(昭和54)年）では「半分を超えないもの」と定めて
いる。同じく同条文中の「発行後相当期間を経過」の具体的な経過範囲については，著作
権審議会第4小委員会報告書において「通常の販売経路において当該定期刊行物を入手す

　　　　　第一章の二　著作物等の複製等が認められる施設等
　（図書館資料の複製が認められる図書館等）
　第一条の三　法第三十一条第一項（法第八十六条第一項及び第百二条第一項において準
　　用する場合を含む。）の政令で定める図書館その他の施設は，次に掲げる施設で図書
　　館法（昭和二十五年法律第百十八号）第四条第一項の司書又はこれに相当する職員と
　　して文部科学省令で定める職員（以下「司書等」という。）が置かれているものとする。
　一　図書館法第二条第一項の図書館
　二　学校教育法（昭和二十二年法律第二十六号）第一条の大学又は高等専門学校（以
　　　下「大学等」という。）に設置された図書館及びこれに類する施設
　三　大学等における教育に類する教育を行う教育機関で当該教育を行うにつき学校教
　　　育法以外の法律に特別の規定があるものに設置された図書館
　四　図書，記録その他著作物の原作品又は複製物を収集し，整理し，保存して一般公
　　　衆の利用に供する業務を主として行う施設で法令の規定によつて設置されたもの
　五　学術の研究を目的とする研究所，試験所その他の施設で法令の規定によつて設置
　　　されたもののうち，その保存する図書，記録その他の資料を一般公衆の利用に供す
　　　る業務を行うもの
　六　前各号に掲げるもののほか，国，地方公共団体又は一般社団法人若しくは一般財
　　　団法人その他の営利を目的としない法人（次条から第三条までにおいて「一般社団
　　　法人等」という。）が設置する施設で前二号に掲げる施設と同種のもののうち，文
　　　化庁長官が指定するもの
　2　文化庁長官は，前項第六号の指定をしたときは，その旨を官報で告示する。

4-3図　著作権法施行令

ることができない状態」を意味すると解されている。例えば，月刊誌や週刊誌であれば，少なくとも最新号が発売され，バックナンバーの購入が困難な状態と考えられている。

(3) 引用

　レポートや論文などの作成，ホームページなどへの掲載において，他人の著作物を利用しなければならないことがある。第三十二条では，公表された著作物であること，公正な慣行に合致すること，引用の目的上正当な範囲内であることを要件に著作権者の許諾を得ることなく引用できることが認められている。実際に引用する際は，著作権者とのトラブルにならないこともかんがみて，引用は，①すでに公表された著作物であること，②引用する必然性があること，③引用部分が明確に区分されること，④主従関係があること，⑤同一性保持の侵害とならないこと，⑥出所を明示すること，が一般的な要件である。

　なお，「引用部分が明確に区分」とは，引用部分にかぎ括弧を付けて，引用箇所を明確に区分することである。「主従関係」とは，内容的に自身の著作部分が「主」であり，引用する部分が「従」となるようにすることである。「出所を明示」とは，引用部分の近くに出所を明示することであって，巻末などに参考文献一覧として挙げることではない。引用の明示を記述する方法は，科学技術情報流通技術基準（Standards for Information of Science and Technology：SIST）の SIST 02（参照文献の書き方）を参考にするとよい。

(4) 教育等のための利用

1 **教科用図書等への掲載**　　第三十三条第１項では，公表された著作物は，学校教育の目的上必要と認められる限度において，教科用図書に掲載することができる。ただし，著作者への通知と著作権者への一定の補償金の支払いが必要となる（第三十三条第２項）。

2 **学校その他の教育機関における複製等**　　第三十五条第１項では，授業で利用する複製が認められている。例えば，他の書籍などから切り貼りしてプリント教材を作成するとか，雑誌から論文をコピーして学生に配布する行為については，必要と認められる限度で公表された著作物を複製することができる。

3 **試験問題としての複製等**　　入学試験や採用試験などの問題作成において，著作権者に不当な経済的不利益を与える恐れがないならば，著作物を複製することができ，インターネットなどを利用して試験を行う際には，公衆送信（4.3.7 (1) を参照）できる（第三十六条第１項）。予備校の模擬試験のように営利目的で著作物を複製したり，公衆送信を行う場合には，著作権者への補償金の支払いが必要となる（第三十六条第２項）。すなわち，営利目的の予備校や社員研修において，市販問題集などや学校の試験問題を利用する場合は，当該著作権者への手続きをしなければならない。市役所などの行政機関において，職員の研修教材として，出版物の記事をコピーして配布する行為についても，行政の目的のために必要と認められなければ著作権侵害にあたる。

(5) 障害者のための利用

❶視覚障害者等のための複製等　公表された著作物を点字によって複製したり，インターネットで点字データを送信したり，点字図書館などが視覚障害者のために録音するサービスは，著作権の侵害とはならない（第三十七条）。

❷聴覚障害者等のための複製等　政令で定める施設が，聴覚障害者のために放送などの著作物に係る番組の音声を文字や手話映像にしてリアルタイム送信する行為は，著作権の侵害とはならない（第三十七条の二）。

4.3.6　著作権の存続期間

　著作権の存続期間は，著作物の創作時から著作者（共同著作物にあっては，最終に死亡した著作者）の死後70年を経過するまでと定めている（第五十一条）。無名又は変名，団体名義の著作物の存続期間は，その著作物の公表後70年を経過するまでと定めている（第五十二条，第五十三条）。映画の著作物の存続期間は，著作物の公表後70年を経過するまでと定めている（第五十四条）。

　著作隣接権の存続期間（第百一条第2項）は，実演に関しては実演が行われた時から70年を経過するまでと定め，レコードに関しては発行が行われた時から70年を経過するまでと定めている。また，放送と有線放送に関しては，放送や有線放送が行われた時から50年を経過するまでと定めている。

　4-4図は上述の各存続期間を図示したものである。存続期間の計算については，著作権法では暦年主義が採用されており，いずれも権利発生年の翌年1月1日から起算する。

4.3.7　公衆送信権と送信可能化権

(1) 公衆送信権

　公衆送信権とは，公衆送信（著作物を公衆に向けて放送や送信をすること）を決める権利で，著作権者が権利を専有する（第二十三条）ため，第三者が勝手に送信することは違法である。著作財産権の一つである。

　公衆送信の形態は，公衆に向けて一斉に送信する放送（テレビ，ラジオなどの無線通信による放送のこと），有線放送（CATVなどの有線通信による放送のこと）および自動公衆送信（無線，有線を問わず要求を受けて自動的に行う送信のこと）がある。なお，自動公衆送信の形態の場合は，著作権者は次の送信可能化権も有する（4-5図）。

(2) 送信可能化権

　送信可能化権とは，自動公衆送信により著作物を送信可能な状態とすることができる権利で，著作隣接権者（実演家，レコード製作者，放送事業者および有線放送事業者）が権利を専有する（第九十二条の2，第九十六条の2，第九十九条の2および第百条の4）。す

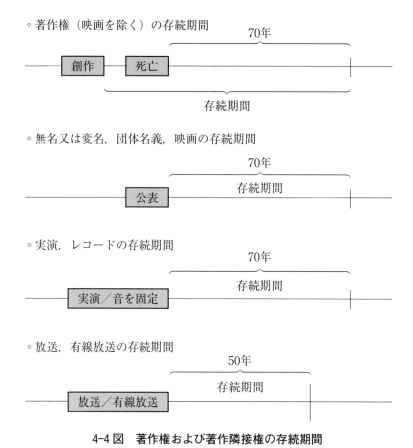

○著作権（映画を除く）の存続期間

○無名又は変名，団体名義，映画の存続期間

○実演，レコードの存続期間

○放送，有線放送の存続期間

4-4 図　著作権および著作隣接権の存続期間

なわち，著作隣接権者は公衆送信を決めることの権利はないが，送信可能な状態にする行為の権利がある。著作財産権の一つである。

　例えば，インターネットに接続しているサーバ（server。5.3.1 を参照）上に権利者の許諾なく著作物をアップロードしたり，権利者の許諾を得ていない著作物が保存されているサーバをインターネットに接続したりする行為は，当該著作物がインターネット利用者にダウンロードされたり，閲覧・視聴ができる状態になることから，著作権侵害となる（4-5 図）。

4.3.8　クリエイティブ・コモンズ

　クリエイティブ・コモンズ（Creative Commons：CC）とは，著作物の適正な再利用の促進を目的として活動を行っている国際的非営利組織とそのプロジェクトの総称をいう。

　CC の本部は米国にあり，世界各地のプロジェクトチームが連携して活動を行っている。CC では，著作物の利用許諾条件を示すツールを無料で提供している。このツールをクリエイティブ・コモンズ・ライセンス（Creative Commons license：CC ライセンス）という。わが国では，2003 年にクリエイティブ・コモンズ・ジャパン（Creative Commons Japan：

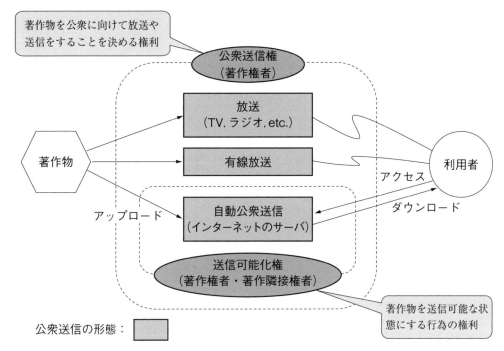

4-5図　公衆送信権と送信可能化権

CCJP）が発足し，日本語版 CC ライセンスを提供している。なお，CCJP の活動母体の法
人名称は，2013 年に特定非営利活動法人コモンスフィアに変更された。

　CC ライセンスでは，四つのアイコン（「表示」「非営利」「改変禁止」「継承」を意味す
るアイコン）を準備しており，この四つのアイコンの使って示すことができる利用許諾条
件は，「表示」「表示─継承」「表示─改変禁止」「表示─非営利」「表示─非営利─継承」
「表示─非営利─改変禁止」の6パターンとしている。著作権者は，この6パターンのど
れかを著作物に付して利用許諾条件を示す。著作物を利用したい人は，付された利用許諾
条件に基づいて利用する。例えば，「表示」のアイコンだけが付された著作物は，原作者
のクレジット（氏名，作品タイトルなど）を明記することで，当該著作物を改変して利用
することができ，営利目的での二次利用もできる。「表示─非営利─継承」といった三つ
のアイコンが付された著作物は，原作者のクレジット（氏名，作品タイトルなど）を明記
すること，非営利目的の利用であること，元の利用許諾条件と同じであることの三つの条
件下で，改変したりして利用できる。なお，四つの具体的なアイコンは CCJP のサイトで
確認いただきたい[7]。

7：Creative Commons Japan. クリエイティブ・コモンズ・ライセンスとは. https://creativecommons.jp/
　 licenses/，（参照 2019-12-01）.

5章

ネットワーク社会と情報セキュリティ

〈5章　学習のポイント〉

　ネットワーク社会のセキュリティ動向と主な法律を理解した上で，コンピュータを構成するハードウェアやソフトウェア，コンピュータ処理に関する基礎理論およびプログラム言語・マークアップ言語の概要を知る。さらにインターネットの技術要素としてプロトコルや回線などの基礎を理解する。そして情報セキュリティに関する組織上の管理知識を知り，最後に情報セキュリティにどのような脅威があり，どのような対策が必要かを学ぶ。

5.1　ネットワーク社会の諸問題

　情報のデジタル化が進み，ネットワークが整備されたことで，デジタル化した情報は共有と複製が容易となり，ビジネスにおいてもプライベートにおいても知的生産性が向上した。その一方，第三者の無断利用による権利侵害，個人情報や企業秘密といった情報漏えい，盗聴および改ざんといった問題が起こっており，権利侵害や情報漏えいなどによる経済的損失は計り知れず，企業の社会的信用にも影響を及ぼしている。

　近頃の情報セキュリティ事件を顧みると，IT（information technology：情報技術）の発達とネットワーク環境の整備とともに，脅威の種類も年々増え続けていることは周知のことである。脅威の中でも特にインパクトある事件は，企業などにおける情報漏えいであろう。2015年5月に起きた日本年金機構情報漏えい事件は，業務内容を装ったウイルス添付メールを開封したことからウイルス感染して約125万件もの情報が漏えいした。2019年12月に起きた神奈川県庁のハードディスクドライブ（hard disk drive：HDD）ネット転売事件は，リース会社とリース会社からHDDの完全消去を委託された会社のセキュリティ管理体制の甘さから情報が漏えいした。いま企業などでは，業務のIT化に伴い外部委託を行う場面が多くなり，個人情報の保護に関する法律などに対応したセキュリティ管理が義務付けられてきたこともあって，情報セキュリティに対する認識を一層高めて必要な措置を講じることが求められている。また，携帯電話やスマートフォンといったモバイル端末が普及したことにより，個人でのコミュニケーションや情報収集が容易になり，生活の利便性を向上させ，モバイル端末の利用は低年齢層にも広がっている。したがって，個人においても，日々の生活環境の中で危険性を意識し，例えば，無線LANスポット（Wi-Fi環境）の安全性，アプリケーションのインストール先の信頼性などを意識し，危険性を回避

5-1 表　情報セキュリティ10大脅威2020

個人	順位	組織
スマホ決済の不正利用	1	標的型攻撃による機密情報の窃取
フィッシングによる個人情報の詐取	2	内部不正による情報漏えい
クレジットカード情報の不正利用	3	ビジネスメール詐欺による金銭被害
インターネットバンキングの不正利用	4	サプライチェーンの弱点を悪用した攻撃
メールやSMS等を使った脅迫・詐欺の手口による金銭要求	5	ランサムウェアによる被害
不正アプリによるスマートフォン利用者への被害	6	予期せぬIT基盤の障害に伴う業務停止
ネット上の誹謗・中傷・デマ	7	不注意による情報漏えい（規則は遵守）
インターネット上のサービスへの不正ログイン	8	インターネット上のサービスからの個人情報の窃取
偽警告によるインターネット詐欺	9	IoT機器の不正利用
インターネット上のサービスからの個人情報の窃取	10	サービス妨害攻撃によるサービスの停止

することが求められている。

　このような問題となっている事象は，関係者が不正に情報を持ち出したり，個々の情報倫理の未成熟さだったり，ハッカー（コンピュータ技術に精通した人）によるクラッキング（悪意をもって他人のコンピュータに不正に侵入して悪事を働くこと）やコンピュータウイルス（悪意のあるプログラムのこと）などの人的・技術的行為によって起こる。また，OS（operating system）やアプリケーションソフトウェアを提供しているメーカ側のサポート終了に伴うユーザ側の未対応も一因である。サポート終了となったにもかかわらず旧バージョンのOSなどをそのまま使い続けていることは，クラッキングやウイルスの侵入を容易にさせるからである。広く普及しているWindows 7は2020年1月14日をもって延長サポートを終えた。Microsoft Office 2010は2020年10月13日をもってサポートを終えた[1]。サポートが受けられるOSなどを使用することは情報セキュリティ対策の基本である。

　5-1表は，情報処理推進機構（Information-Technology Promotion Agency：IPA）が「情報セキュリティ10大脅威2020」[2]として2020年3月に公表したものである。IPAでは，情報セキュリティに関する情報を提供しているので，常時確認するとよい。

5.2　ネットワーク社会の法制度

　情報技術と通信技術は，産業の発達と文化の発展をもたらし，社会生活や個人生活のあ

1：マイクロソフト．Office 2010のサポートがまもなく終了します．https://products.office.com/ja-jp/office-2010-end-of-support，（参照2020-04-08）．

2：情報処理推進機構．情報セキュリティ．https://www.ipa.go.jp/security/vuln/10threats2020.html，（参照2020-03-30）．

り方を今もなお変化させ続けている。これらの変化により生じる諸問題を解決・軽減するために，政府は新たな法律の制定や既存の法律を改正している。5-2表は，ネットワーク社会でビジネスやプライベートに欠かせない主な法律である。

　さらに，政府は法律以外のセキュリティ強化にも取り組んでいる。官公庁や企業がサイバー攻撃（cyber attack）を受けて，組織の内部情報の流出被害が相次いだことから，政府は2014年11月にサイバーセキュリティ基本法を成立させ，同法に基づき2015年1月に内閣サイバーセキュリティセンター（National center of Incident readiness and Strategy for Cybersecurity：NISC）を設置した。同センターはサイバーセキュリティ体制の機能強化を図るとともに，最新のセキュリティ情報を Twitter（人気度の高いコミュニケーションツール）で事あるごとにツイート（tweet）[3] している。

5-2表　ネットワーク社会に関わる主な法律

情報通信技術を用いた主な法律

- 電子署名及び認証業務に関する法律（平成十二年法律第百二号）
  通称は電子署名法。電子署名が手書きの署名や押印と同じように法的効力をもつことを定めている法律。
- 「民間事業者等が行う書面の保存等における情報通信の技術の利用に関する法律」（平成十六年法律第百四十九号）と「民間事業者等が行う書面の保存等における情報通信の技術の利用に関する法律の施行に伴う関係法律の整備等に関する法律」（平成十六年法律第百五十号）
  通称は e-文書法，電子文書法。企業が法令で義務づけられている「紙」文書の原本保存について，要件を満たすことにより電子データとして保存することを認める法律。

情報の保護のための主な法律

- 著作権法（昭和四十五年法律第四十八号）
  著作物や行為に関し著作権者及び著作隣接権を有する者の権利を定め，著作物の適正な利用を図る法律。
- 不正競争防止法（平成五年法律第四十七号）
  営業秘密の侵害，原産地偽装，模造品・海賊版商品の販売などを規制している法律。
- 個人情報の保護に関する法律（平成十五年法律第五号）
  通称は個人情報保護法。個人の権利利益を保護することを目的とし，個人を特定し得る情報を取扱う事業者に対して，その適正な取扱い方を定めている法律。

不正行為・犯罪に対する主な法律

- 不正アクセス行為の禁止等に関する法律（平成十一年法律第十八号）
  通称は不正アクセス禁止法。インターネット等において，不正アクセス行為とその助長行為を規制する法律。
- 特定電子メールの送信の適正化等に関する法律（平成十四年法律第二十六号）
  通称は迷惑メール防止法。無差別かつ大量に短時間の内に送信される広告などの迷惑メールなどを規制している法律。

3：内閣サイバーセキュリティセンター. 内閣サイバー（注意・警戒情報）. https://twitter.com/nisc_forecast,（参照 2019-12-01）.

5.3 コンピュータに関する知識

5.3.1 コンピュータの種類

コンピュータ（computer）とは，与えられた手順に従って，計算などの処理を実行する機械のことである。以下は用途別によるコンピュータの分類である。

1 パソコン　パソコンとは，パーソナルコンピュータ（personal computer：PC）の略で，性能と価格を抑え，個人用途を対象に普及を図ったコンピュータのことである。その形状からデスクトップ PC（横置きの PC 本体の上にディスプレイを置くタイプ），タワー PC（ディスプレイの大型化に伴って，ディスプレイの隣に PC 本体を縦に置くタイプ），ノート PC，タブレット PC といった呼称で細分類されることもある。

2 モバイル端末　モバイル端末とは，持ち運ぶことができる小型軽量の情報端末のことである。スマートフォン，タブレット PC，小型ノート PC などがある。

3 サーバ　サーバ（server）とは，インターネットや企業内 LAN などのネットワークにおいて，他の PC にさまざまな機能やサービスを提供するコンピュータのことである。使われるコンピュータは，大型のコンピュータから PC のような小型のコンピュータまで，用途に応じてさまざまである。例えば，データサービス事業で大量のデータを扱うサーバであるならば大型のコンピュータを使うとか，ホームページ用のウェブサーバであるならば利用者の同時アクセス数やレスポンス速度に適したコンピュータを使わなければならない。

4 メインフレーム　メインフレーム（mainframe）とは，企業の基幹業務，銀行のオンラインシステム，航空機の座席予約システムなどで利用される大型のコンピュータのことである。ホストコンピュータとも呼ばれる。

5 スーパーコンピュータ　メインフレームが大量のデータを扱う業務で使われるのに対し，スーパーコンピュータ（supercomputer）は，高速な処理を目的とするコンピュータのことである。気象の予測などのシミュレーションに利用される。

5.3.2 コンピュータの基本構成

コンピュータの機械部分をハードウェア（hardware：装置）という。ハードウェアは演算装置，制御装置，記憶装置，入力装置，出力装置という五つの装置からなり，それぞれの役割を担う（5-3 表）。

なお，CPU（central processing unit：中央処理装置）は，制御装置と演算装置からなる部品で，記憶装置に記憶されたプログラムを実行し，入力装置や記憶装置からデータを受けとって演算を行い，その結果を出力装置や記憶装置に命令を出す役割を担う（5-1 図）。

5-3表　コンピュータハードウェアの種類と役割

装置名	役割
演算装置	データに対する演算を行う。
制御装置	各装置を制御する制御信号を出す。
記憶装置	プログラムやデータを記憶する。
入力装置	コンピュータに外部からデータを入力する。
出力装置	コンピュータから外部にデータを出力する。

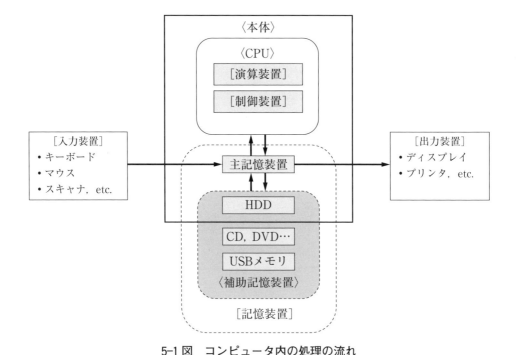

5-1図　コンピュータ内の処理の流れ

5.3.3　記憶装置と記憶媒体

　コンピュータはプログラムやデータを与えることにより動く。プログラムやデータを蓄える装置が記憶装置である。記憶装置は主記憶装置（main storage）と補助記憶装置（auxiliary storage）に大別できる（5-1図）。

　主記憶装置は，CPUから直接操作（プログラムやデータを一度主記憶装置に転送してから，主記憶装置上で操作（処理））できるもので，メインメモリ（main memory），あるいはコンピュータ内に内蔵していることから内部記憶装置とも呼ばれる。通常はRAM（random access memory：読取り書込み記憶装置）とROM（read-only memory：読取り専用記憶装置）が用いられている。RAMは揮発性メモリで，プログラムやデータの読み書きは自由にできるが，電源を切ると内容は消える。ROMは不揮発性メモリで，電源を切っ

ても書き込まれた内容を保持でき，書き換えることもできない。

　補助記憶装置は，CPU から直接操作できない。磁気や光などの電源を切っても内容が残る記録原理を用いていることから，情報の記録や保存に用いられる。外部記憶装置あるいはストレージ（storage）とも呼ばれ，HDD（hard disk drive）や光学ディスクドライブ（光学ディスクの代表的なものに CD（compact disc），DVD（digital versatile disc），Blu-ray disc がある），フラッシュメモリ，磁気テープなどがある。

　フラッシュメモリ（flash memory）とは，データの消去や書き込みを自由に行うことができ，不揮発性（電源を切っても内容が消えない）の半導体メモリの一種で，SSD（solid state drive），USB（universal serial bus）メモリ（メーカによっては USB フラッシュメモリとも呼ばれる），SD メモリカード（secure digital memory card）などがある。

　なお，最近では HDD に代わる記憶装置として，より高速に読み書きのできる SSD が登場し，高性能なノート PC などに採用されている。

5.3.4　オペレーティングシステムとアプリケーションソフトウェア

　ソフトウェア（software）とは，ハードウェアを動かすための動作手順や約束事といったプログラムの総称である。

　オペレーティングシステム（operating system：OS）は，入出力の制御，主記憶装置や HDD などのハードウェアの管理，プロセスの管理といった，コンピュータの基本的な管理や制御の役割を行っているソフトウェアである。5-4 表に主な OS を示した。

5-4表　主な OS

区分	主な OS	会社
パソコン向け	Windows シリーズ	Microsoft 社
	Mac OS X	Apple 社
サーバ向け	Linux	UNIX 系の OS
携帯端末向け	Android OS	Google 社
	iOS	Apple 社

　アプリケーションソフトウェア（application software：応用ソフトウェア）は，OS の機能を利用して，OS の上で動作するソフトウェアをいう。身近なアプリケーションソフトウェアには，マイクロソフト（Microsoft Corporation）の「Word」「Excel」「PowerPoint」「Internet Explorer」，アドビシステムズ（Adobe Systems Incorporated）の「Adobe Reader」「Adobe PhotoShop」，リアルネットワークス（RealNetworks, Inc）の「RealPlayer」などがある。

5-5表　主なプログラム言語

分類および言語名		概要
低水準言語	機械語	コンピュータのCPUで直接実行できる言語。すなわち，0と1の2進数で記述。
	アセンブリ言語	機械語を人間にわかりやすいよう記述する言語。機械語とほぼ1対1で対応している。
高水準言語	C系言語 (C，C++，C#)	Cはコンパイル型（プログラミングしたものを機械語に変換）の汎用プログラム言語。C++はCをオブジェクト指向言語に発展したもの。C#はC++とJavaをもとに開発された言語。
	Java	オブジェクト指向のプログラム言語。さまざまなハードウェアやOS上で実行できるため，インターネット環境で広く使われている。
	Python	簡潔で読みやすい文法が特徴的な汎用が高いオブジェクト指向のスクリプト言語（簡易的なプログラム言語）。

5.3.5　プログラム言語

　コンピュータを使って目的を達成するための処理手順をアルゴリズム（algorithm）という。プログラミング（programming）とは，プログラム言語を使って，アルゴリズムを記述することである。主なプログラム言語は5-5表のとおりで，機械語に近い構造のプログラム言語を低水準言語（低級言語）と称し，人間が理解しやすいように設計された言語を高水準言語（高級言語）と称している。

5.3.6　マークアップ言語

　マークアップ言語（markup language）とは，文章構造（見出しや段落など）や体裁（フォントのサイズやスタイルなど）などに関する指示を文書とともに記述するための言語の総称である。文章に対して構造や体裁などを指示することをマークアップと呼び，マークアップを記述するための文字列をタグ（tag）と呼ぶ。

　代表的なマークアップ言語としては，インターネットのウェブページ（本章「5.4.2 インターネットの基礎」を参照）の作成に用いられているHTML（HyperText Markup Language）やビジネス分野の情報活用に用いられているXML（Extensible Markup Language）がある。5-6表にHTMLとXMLの主な特徴を示した。

(1) HTMLの特徴

　HTMLとはウェブページを記載するために開発された言語で，記述に使用するタグが決められている。HTMLで記述した文書をHTML文書という。例えば，＜p＞（パラグラフ），＜h＞（見出し），＜img＞（画像），＜a＞（アンカー：リンクを指定する際に使用するも

5-6表　HTMLとXMLの主な特徴

HTML	XML
• 視覚的な体裁を記述したり，複数の文書を相互にリンク可能。 • タグが規定されている。	• 文書構造やデータの意味を記述することで情報活用性がアップ。 • タグは自由に設定できる。日本語でも英字でもよい。

5-7表　HTMLの主なタグ

タグ	意味等
<!DOCTYPE html>	HTML5を使った場合の文書型宣言の書き方。
<html lang="ja"> ～ </html>	html文書の範囲を示すとともに，使用する言語を示す。日本語ならjaとする。この範囲に記述する内容は<head>～</head>と<body>～</body>で構成される。
<head>～</head>	文書のヘッダ情報を記述する。例えば，タイトルや使用する文字コード等を記述する。
<title>～</title>	<head>と</head>間に記述する。ここで記述するタイトルはブラウザのツールバーに表示される。また，お気に入り（ブックマーク）に登録された際や，検索エンジンでの検索結果などでも表示される。
<body> ～ </body>	開始タグと終了タグの間に記述された文書や画像がブラウザで表示される。
<hn>～</hn> ※nは1～6	見出しを6段階の文字の大きさで指定する。
<center> ～ </center>	開始タグと終了タグの間に記述された文書や画像等のコンテンツをセンタリングして表示する。
<p>～</p>	開始タグと終了タグの間で囲まれた部分が一つの段落であることを表す。

	改行に使用する。単に文の長さを揃えるなどのレイアウト目的に使用しないこと。
<a href="ジャンプ先のURLを記述"> ～ </a>	ハイパーリンクを指定する。「～」にはハイパーリンクの名称等を記述する。
<img src="画像があるパスを記述">	画像を表示する際に使用する。一般的な画像フォーマットとしては，PNG，GIF，JPEGがよく用いられる。

の）などのタグがある。これらのタグを使い，ウェブページ上で表示するレイアウトなどを決めていく。近年普及しているHTML5（HTMLのバージョン5）の主なタグは5-7表のとおりである。HTML5は表示上のレイアウトにとどまらず，インタラクティブなウェブ環境に対応し，動画が取り込め，日本語のルビなどの多言語環境もサポートしている。

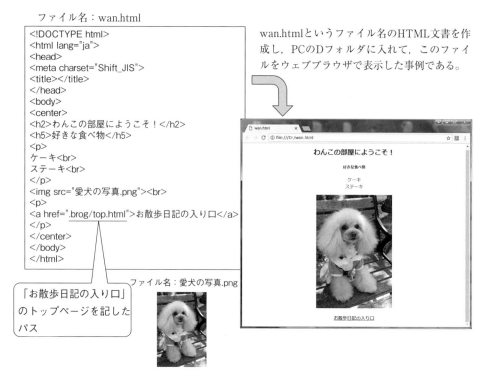

5-2 図　HTML の記述例

また，スマートフォンなどモバイル端末のウェブブラウザ（本章「5.4.2 インターネットの基礎」を参照）にも対応している。

　なお，HTML 文書の拡張子（filename extension：ファイルの種類を識別するための文字列）は，「html」または「htm」であるが，さまざまな OS などが混在している環境のインターネット送信などでは「html」とすることを推奨する。また，作成した HTML 文書の 1 行目に記述する文書型宣言（document type definition：DTD）は，HTML 文書の記述に使用する HTML バージョン（仕様）をウェブブラウザに伝えるための決まり事で，その際は大文字で表記することを推奨する。5-2 図は HTML の記述例である。

(2) XML の特徴

　XML とは文字列（データ）の意味や文書構造などを記述するために開発された言語で，記述に使用できるタグは自由に設定できる。XML で記述した文書を XML 文書という。例えば，「2020」とだけ記述された文字列があったら，東京オリンピックの開催年を示している「2020」なのか，商品の金額を示す「2020」なのかわからない。そこで，「2020」に意味を示すタグ付けを行い，「＜year＞2020＜/year＞」とか，「＜金額＞2020＜/金額＞」と記述すれば，「2020」が何を意味する文字列かがわかる。

　5-3 図は，発注書という文書を XML 文書に展開していく事例である。発注書は，何処

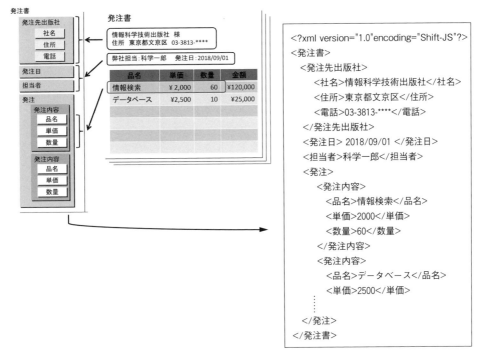

```
<?xml version="1.0"encoding="Shift-JS"?>
<発注書>
    <発注先出版社>
        <社名>情報科学技術出版社</社名>
        <住所>東京都文京区</住所>
        <電話>03-3813-****</電話>
    </発注先出版社>
    <発注日> 2018/09/01 </発注日>
    <担当者>科学一郎</担当者>
    <発注>
        <発注内容>
            <品名>情報検索</品名>
            <単価>2000</単価>
            <数量>60</数量>
        </発注内容>
        <発注内容>
            <品名>データベース</品名>
            <単価>2500</単価>
            ┊
    </発注>
</発注書>
```

5-3 図　XML の記述例

から・何を・どれだけ，何時・誰が受けたかを記入する仕様とする。まず発注書に記載する内容（情報）の意味や文書構造を分析する。例えば，論文は，一般的に序論，本論，結論といった文書構造をとっている。発注書の文書構造は，発注先出版社の情報，発注日の情報，担当者の情報，発注の情報で組み立てられている。そして，発注の情報は，発注内容（品名，単価，数量）が繰り返されている（5-3 図の左側）。これらのデータの意味や文書構造に基づいて XML 文書を記述する（5-3 図の右側）。なお，XML 文書は，最初にXML 宣言を記述することが推奨されている。XML 宣言とは，XML 文書の記述で使用する XML バージョンとエンコーディング（encoding）したい方式をファイルの 1 行目に記述するものである。エンコード（encode）とはデータを一定の規則に基づいて変換した符号のことで，この符号化することをエンコーディングという。例えば，日本語の Shift-JISでエンコーディングする XML 文書を作成するのであれば，1 行目は＜?xml version＝"1.0"encoding＝"Shift-JIS"?＞と記述する。ユニコード（Unicode。本章「5.3.8 文字の表現」を参照）でエンコーディングするならば，＜?xml version＝"1.0" encoding＝"UTF-8"?＞となる。

　なお，スタイルシート言語（style sheet language）と称される XSL（Extensible Stylesheet Language）を使ってスタイルを記述したファイルを XML 文書に結びつけることで，XML 文書をウェブブラウザ上で HTML 文書を見るように見栄えよく表示することができる。XSL の代表的な仕様の一つとして，XSLT（XSL Transformations）がある。

$$1 \text{ bit} \quad 2^1 = 2 \times 1 = 2 \text{ 通り}$$
$$2 \text{ bit} \quad 2^2 = 2 \times 2 = 4 \text{ 通り}$$
$$\vdots$$
$$7 \text{ bit} \quad 2^7 = 2 \times 2 \times 2 \times 2 \times 2 \times 2 \times 2 = 128 \text{ 通り}$$
$$8 \text{ bit} \quad 2^8 = 2 \times 2 \times 2 \times 2 \times 2 \times 2 \times 2 \times 2 = 256 \text{ 通り}$$

5-4 図　ビットで表現できるデータの個数

5-8 表　情報量を表す単位

単位	読み	情報量
KB	キロバイト	1 KB = 1,000 バイト （= 2^{10} = 1,024 バイト）
MB	メガバイト	1 MB = 1,000 KB （= 2^{20} = 1,024K バイト）
GB	ギガバイト	1 GB = 1,000 MB （= 2^{30} = 1,024M バイト）
TB	テラバイト	1 TB = 1,000 GB （= 2^{40} = 1,024G バイト）

5.3.7　情報量の単位

　情報量の単位を知っておくことは，コンピュータの性能やメモリ，ハードディスク（hard disk）などの保存容量などを知る際にも役立つ。コンピュータの記憶容量や性能を表す情報量の単位には，ビット（bit）とバイト（byte）がある。

　ビットとは，コンピュータが扱うデータの最小単位のことである。語源は binary digit（2 進数字）を合成したものである。8 ビットを 1 バイトと呼ぶ。1 ビットは 2 進数での 1桁分の情報量で，表記は 0 か 1 のどちらかを示すことができるので，表現可能な情報量は2 通りとなる。2 ビットなら，2 進数での 2 桁分の情報量なので，表記は 00 と 01 と 10 と11 の 4 通りの情報量が表現可能となる。例えば，トランプの四つの記号（♥，◆，♠，♣）は，2 ビットあれば表現可能となる。英数字（大文字と小文字は別カウント）の 62 通りの表現に対応するためには，5 ビットだと最大 32 通りしか表現できないため，もう 1 ビット増やした 6 ビット（最大 64 通り）を確保しないと 62 通りを表現することができない。

　各ビット数で表現できる情報の個数（ビットパターン）は 5-4 図のとおりである。情報量を表す単位は，5-8 表のとおりである。

5.3.8　文字の表現

　文字コード（character code）とは，コンピュータ上で文字や記号を扱うために，それら文字などの一つひとつに割り当てられた固有の符号（バイト表現）をいう。文字集合（使用する文字の集まり）の個々の文字を文字コードに置き換えることをエンコード（encode）という。エンコード方式には，Shift–JIS や UTF–8 などがある。Shift–JIS は「JIS

X 0201：1997 7 ビット及び 8 ビットの情報交換用符号化文字集合」と「JIS X 0208：1997/
AMENDMENT 1：2012 7 ビット及び 8 ビットの 2 バイト情報交換用符号化漢字集合（追
補 1）」という文字集合に対するエンコード方式の一つであり，UTF-8 はユニコード
（Unicode。コンピュータ上で世界中のあらゆる文字を同時に扱えるように集めた文字集
合のこと）に対するエンコード方式の一つである。ウェブを閲覧しているときに，文字化
けを見かけることがあるのは，選択したエンコード方式が合っていないために起きる。

　公開されている統計情報によると，世界中のウェブサイトにおいて使用されている言語
のうち，UTF-8 の使用割合は 97 ％を超えている[4]。わが国で使用されている主なエンコー
ド方式は，UTF-8，Shift-JIS，EUC-JP（Extended Unix Code for Japanese：日本語
UNIX）などがある。どこのウェブサイトがどのエンコード方式にしているか調べたとこ
ろ（2019 年 12 月 1 日参照），UTF-8 は，Yahoo! JAPAN[5]，国立公文書館[6]，日本経済新聞[7]
などの多くが使用している。Shift-JIS は，じゃらん[8]，ビックカメラ[9]，価格.com[10] などが
使用している。EUC-JP は，楽天市場[11]，Yahoo! JAPAN ブログ[12] などが使用しているが，
主に UNIX 上で日本語の文字を扱う場合に使用することから，使用しているウェブサイト
は非常に少なくなってきた。

5.3.9　テキストファイルとバイナリファイル

　PC で文書などを作成し保存する場合，使用したアプリケーションや OS によって，作成
された文書などのデータの表現方法や構造が異なる。こういった異なりの種類をファイル
形式という。さまざまなファイル形式があるが，テキストファイル（text file）とバイナリ
ファイル（binary file）とに大きく分けられる。

　テキストファイルとは，文字コードのみから構成されるファイル形式のことである。保
存時の拡張子（ファイルの種類を識別するための文字列のこと）は「txt」である。例えば，
Microsoft のメモ帳で作成した文書は「txt」の拡張子で保存される。

　バイナリファイルとは，テキストファイルも含めコンピュータが扱えるすべてのファイ
ル形式の総称をいう。例えば，Microsoft Word を使って保存するファイルは，Word 独自
の形式のバイナリファイルとして保存されるので，ファイルを開くときも同じ Word が必

4：World Wide Web Technology Surveys. Usage of character encodings for websites. https://w3techs.com/
　　technologies/overview/character_encoding,（参照 2019-12-01）.
5：Yahoo! JAPAN. https://www.yahoo.co.jp/,（参照 2019-12-01）.
6：国立公文書館. http://www.archives.go.jp/,（参照 2019-12-01）.
7：日本経済新聞. https://www.nikkei.com/,（参照 2019-12-01）.
8：じゃらん. https://www.jalan.net/,（参照 2019-12-01）.
9：ビックカメラ. https://www.biccamera.com/bc/main/,（参照 2019-12-01）.
10：価格.com. http://kakaku.com/,（参照 2019-12-01）.
11：楽天市場. https://www.rakuten.co.jp/,（参照 2019-12-01）.
12：Yahoo! JAPAN ブログ. https://blogs.yahoo.co.jp/,（参照 2019-12-01）.

要となる。Word で作成した文書をメモ帳で開けば当然に文字化けが起こる。画像や音声などもバイナリファイルである。バイナリファイルの拡張子は，使用したアプリケーションソフトウェアに依存する。主な拡張子をあげると，Microsoft Office は「docx」「xlsx」「pptx」など，静止画は「bmp」「jpg」「gif」「png」など，動画は「avi」「mp4」「mov」など，PDF ファイルは「pdf」，音は「mp3」「wav」など，圧縮ファイルは「zip」「lzh」などがある。ファイル名に拡張子を付ける際は，ファイル名と拡張子の間にピリオドを付ける。例えば，「photo.jpg」のような表記となる。

　なお，Windows10 環境では，ファイルの拡張子は通常は非表示になっていることから，拡張子を表示させるには，次の手順で行うとよい。

①まず，PC画面左下のウィンドウズロゴを右クリックし，エクスプローラを選択する。
②すると，［エクスプローラー］ウィンドウが表示されるので，［表示］タブを選択して，［オプション］をクリックする。
③フォルダーオプションのウィンドウが表示されたら，［表示］タブを選択して，［詳細設定］の中の項目から，［登録されている拡張子は表示しない］のチェックを外す。
④［OK］をクリックする。

5.4　インターネットに関する知識

5.4.1　ネットワークの形態

　ネットワークとは，複数のコンピュータをケーブルや無線でつなぎ，お互いに情報をやり取りしたり，プリンタや記憶装置などのハードウェアを共有することのできる仕組みをいう。ネットワークの利用範囲の規模により，LAN（local area network：構内通信網），WAN（wide area network：広域通信網），インターネット（internet）という分け方ができる。LAN は同一の敷地内や建物内といった比較的狭い範囲のネットワークである。WAN は電気通信事業者が提供する回線を利用して，本社 LAN と遠隔地の支社 LAN をつなげるなど，広い地域をカバーするネットワークである。インターネットはネットワークが外部ネットワークと相互接続された世界規模のネットワークである。また，インターネットの技術を使って，組織内だけで利用するためのネットワークのことをイントラネット（intranet）と呼んでいる。

　LAN の接続形態は，バス型，スター型，リング型がある（5-5 図）。バス型は母線から分岐してコンピュータなどを接続する形態で，コンピュータの故障がネットワークに影響することはないが，故障個所の特定が困難である。スター型はハブ（HUB：PC などのネットワーク接続で利用される集線装置のこと）を中心にコンピュータなどを放射線状に

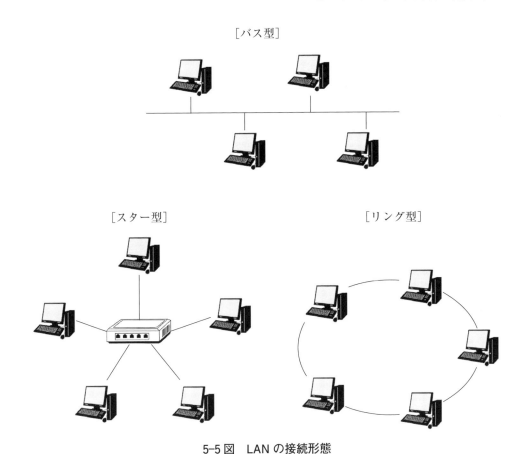

[バス型]

[スター型]　　　　　　　　　　　　　[リング型]

5-5図　LAN の接続形態

接続する形態で，コンピュータなどの増設などが容易であるが，ハブが故障するとネットワーク全体が停止してしまう。リング型はコンピュータなどをリング状に接続する形態で，故障個所の特定が容易であるが，どこかが故障するとネットワーク全体が停止してしまう。

5.4.2　インターネットの基礎

　インターネットの始まりは，米国国防総省の研究機関によって，1964 年に ARPAnet（Advanced Research Projects Agency network）と呼ばれたネットワーク（わずか 4 台のコンピュータが接続）として誕生した。その後，コンピュータのネットワーク接続によるニーズの高まりとともに，利用者たちの研究と通信技術の発展によって，現在のような広大なネットワークとなった。

　ウェブ（web）とは World Wide Web（略名：WWW）のことで，インターネット上で情報（コンテンツ）を閲覧することのできる仕組みとなっているシステムのことである。このシステムを使って情報を閲覧できるようにするには，HTML や XHTML といったマークアップ言語を使って，情報を記述する。ウェブブラウザ（web browser）で文書の単位ごとに表示されるものをウェブページ（web page）といい，複数のウェブページのひ

とまとまりをウェブサイト（website）という。また広義の意味でのホームページ（home page）という言葉を使用することもある。ウェブサイトを閲覧するためのアプリケーションソフトウェアをウェブブラウザという。主なウェブブラウザ（web browser）には，Windows Internet Explorer，Google Chrome，Mozilla Firefox，Opera，Safari がある。

　インターネットでは，TCP/IP という通信プロトコル（通信規約）が標準的に用いられている。TCP/IP は複数の通信プロトコル群からなるが，そのうちの中心的な役割を果たす通信プロトコルが TCP（Transmission Control Protocol）と IP（Internet Protocol）であることから TCP/IP と呼ばれている。ネットワーク上でのコンピュータ同士は，パケット交換（packet switching：データをある大きさに分割して送信する）により，データのやり取りが行われている。IP がネットワークから自分宛のパケット（packet）を取り出して TCP に渡し，TCP はパケットに誤りがないかを確認してから元のデータに戻すという信頼性の高い通信を行っている。5-9 表は，この IP と TCP の他に，TCP/IP の中でデータのやり取りに使われている主な通信プロトコルである。

　ネットワークに接続されているコンピュータには個々に識別番号が与えられる。これを IP アドレス（Internet Protocol address）という。この IP アドレスがあることで，どのコンピュータからどのコンピュータへ要求を出したのか，またどのコンピュータに応答しなければいけないかが特定できる。いわゆる宅配便の差出人と受取人の関係である。

　IP アドレスは，インターネットを利用する際に，プロバイダ（provider：インターネットへの接続サービス事業者）と契約を行うことで与えられる（通常は 1 個であるが，複数個もある）もので，これをグローバル IP アドレスといい，世界固有の識別番号（世界中で重複することはない）である。自宅などで複数のコンピュータを LAN 接続してインター

5-9 表　主な通信プロトコル

略語	名称	役割
HTTP	Hypertext Transfer Protocol	ウェブサーバとウェブブラウザ間でハイパーテキストのページを送受信する。
HTTPS	Hypertext Transfer Protocol Secure	ウェブサーバとウェブブラウザ間の HTTP によるデータ送信を暗号化する。
SMTP	Simple Mail Transfer Protocol	電子メールを送信する。
POP	Post Office Protocol	電子メールを受信する。メールサーバ上のメールはユーザ端末側にダウンロードし，端末側で管理する方式（サーバ上のメールは削除）なので，サーバへの負担が軽い。
IMAP	Internet Message Access Protocol	電子メールを受信する。メールサーバ上のメールはメールサーバで管理し，閲覧する時にユーザ端末に取り出すため，たくさんのメール量をサーバに放置しておくとサーバに負担がかかる。
FTP	File Transfer Protocol	ネットワークでファイルの転送を行う。

ネットを利用する場合は，与えられた1個のグローバルIPアドレスを複数のコンピュータ
で利用するために，ルータ（router：複数のネットワークを接続する装置のこと）を用い
て接続するコンピュータの数に応じたIPアドレスを割り付ける。これをグローバルIPア
ドレスに対比してローカル（プライベート）IPアドレスという。なお，複数のコンピュー
タを物理的に接続するためにハブが必要となる。ハブを兼ねているルータもある。

　IPアドレスにはIPv4とIPv6がある。IPv4は2進数32ビットを8ビットずつピリオド
で区切って，10進数に置き換えて表記している（5-6図）。IPv6は2進数128ビットを16
ビットずつコロンで区切って，16進数で表記している。

　IPアドレスを人にわかりやすい文字として表したものがドメイン名（domain name）で
ある。実際の通信の際は，DNS（Domain Name System）がドメイン名をIPアドレスに
自動的に変換する役割を担っている。すなわち，DNSはドメイン名とIPアドレスを対応
づけて管理しているのである。DNSのもつ役割を内蔵しているルータもある。

　インターネットで閲覧するウェブサイトのアドレスをURL（uniform resource locator）
といい，そのアドレスは，通常ネットワーク上でアクセスを行うウェブページ先の通信方
式名（通信プロトコル名），ドメイン名，ディレクトリ名およびファイル名の文字列で表
す（5-7図）。

5.4.3　回線の種類

　インターネットを利用するには，インターネット環境までの回線を設置してくれる
NTTなどの回線事業者，およびインターネットに接続するためのサービスを提供してく
れるYahoo!BBなどのプロバイダ（正式には「インターネットサービスプロバイダ（inter-
net service provider：ISP）」）と契約しなければならない。インターネットに接続する回

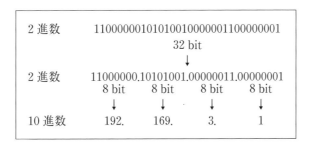

5-6図　IPv4の場合の2進数から10進数への置き換え

https://www.infosta.or.jp/examination/kakomon.html
通信プロトコル名　　ドメイン名　　ディレクトリ名　　ファイル名

5-7図　URLの構成例

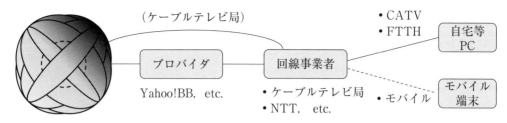

（ケーブルテレビ局）

・CATV
・FTTH

プロバイダ　　　　回線事業者

自宅等
PC

Yahoo!BB，etc.

・ケーブルテレビ局
・NTT，etc.

・モバイル

モバイル
端末

5-8図　ブロードバンド回線の種類

線は，帯域の広さにより，ナローバンド（narrow band）とブロードバンド（broad band）に分けることができる。

　ナローバンドは，普通のアナログ電話回線（いわゆる固定電話）を利用するもので，帯域幅が狭い回線をいい，モデムを介して接続するタイプとISDN（integrated services digital network）のタイプがあるが，昨今のインターネットでは，ブロードバンドによる利用が広く普及していることから，ナローバンドのさらなる説明は割愛する。

　ブロードバンドは，帯域幅が広い回線のことで，ルータを利用している場合はインターネットに常時接続状態となる。CATV（cable television／community antenna television／common antenna television：ケーブルテレビ），FTTH（fiber to the home），モバイルなどのタイプがある（5-8図）。CATVは光ファイバーと同軸ケーブルを組み合わせたハイブリット方式を利用して，ケーブルモデム（cable modem：同軸ケーブルを使ってインターネット接続するモデム）を介し，デジタル信号を送受信する。FTTHは直接自宅まで引き込んだ光ファイバーケーブルを利用して，ONU（optical network unit：光回線終端装置）を介し，光信号をデジタル信号に変換して送受信する。モバイルは携帯電話会社が個々に採用している無線通信規格（Wi-Fi，LTE，WiMAXなど）に応じて，個々の規格に適したモバイルルータを介して送受信を行う。

5.5　情報セキュリティに関する知識

　情報がデジタル化され，ネットワーク上でさまざまな情報が扱われ，情報の共有化も容易となった。個人情報は個人の大切な情報であり，企業などの機密情報であるならば，企業経営を左右する重要な情報である。このような守る価値のある情報は重要な情報資産として管理・対策を行う必要がある。

5.5.1　情報資産

　情報資産とは，「（資産は）組織にとって価値をもつもの」（ISO 27001：2013 Information technology -- Security techniques -- Information security management systems -- Requirements」）である。すなわち，組織においてデータやソフトウェア，コンピュータ

などの守るべき価値のある資産のことである。

　コンピュータが普及し，ネットワークが整備されたことで，デジタル化された情報の活用が急増している。顧客情報などの個人情報はプライバシーの観点からも保護が必要であり，組織の経営に関わる機密情報が漏えいした場合は，組織の信頼性が低下し，事業継続を左右することにもなる。

　情報資産を適切に管理するためには，まず組織にどのような情報資産があるか棚卸をして，重要な情報資産を特定する。そのうえで重要度に応じた管理を行うことである。なぜならば，秘密情報へのアクセス制限（施錠して保管したり，パスワード設定を行うなど）や秘密情報であることの表示の措置が施されていないと，不正に秘密情報を持ち出されたとしても，管理不十分として，不正競争防止法による保護の適用が受けられないことになる。

5.5.2　情報セキュリティの管理

　組織の情報セキュリティ管理を行うためには，まず組織のリスクを洗い出して把握する。次にリスクの発生頻度や事業影響度の視点から，低減すべきリスクなのか，回避すべきリスクなのかなどを明確にして，機密性，完全性，可用性という要素でレベル評価を行う。そして，レベル評価に応じた対処を行う。ちなみに，これら要素は，情報セキュリティマネジメントの三大要素といわれている。

　　①機密性……情報資産へのアクセス制限のレベルはどの程度必要か
　　②完全性……情報資産が改ざんされないレベルはどの程度必要か
　　③可用性……必要な時に情報資産にアクセスできるレベルはどの程度必要か

　また，個人情報を保有する組織では，個人情報の保護に関する法律（平成十五年五月三十日施行）に違反することのない管理が必要である。この法律は，個人の権利利益を保護することを目的として，個人情報を取扱う事業者に対して，その適正な取扱い方を定めている。例えば，アンケートなどで個人情報を取得する際に，本人に利用目的を通知しなかったり，取得した個人情報を利用目的以外に利用する行為は禁止されている。なお，同法律第二条では，個人情報とは生存する個人に関する情報であって，氏名などの記載により特定の個人を識別することができるもの，あるいは政令で定める個人識別符号が含まれるものと定めている。例えば，「yoshii@infosta.or.jp」というメールアドレスがあり，当該組織の名簿と照らし合わせて誰のメールアドレスなのかわかるようであれば個人情報となる。

5.5.3　情報セキュリティの脅威

(1) 人的脅威

　人的脅威には，本人の不注意による情報の紛失，誤送信によるもの，および第三者によ

る手口がある。ここでは，第三者による手口について詳述する。

　第三者の手口による代表的なものに「なりすまし」がある。「なりすまし」とは，不正に盗んだユーザIDやパスワードを使い，正規のユーザになりすましてコンピュータやネットワーク上で活動する行為をいう。悪意をもって他人のコンピュータに不正に侵入して悪事を働くことをクラッキング（cracking）といい，クラッキングを行うハッカー（hacker：コンピュータ技術に精通した人）をクラッカー（cracker）という。本人になりすましたりして侵入したクラッカーは，データを盗み取ったりプログラムやデータを改ざんしたり破壊する。クラッカーは侵入したコンピュータだけではなく，侵入したコンピュータを踏み台にして，ネットワークを介して別のコンピュータに悪事を働くこともする。なお，ハッキング（hacking）とは，ハッカーが他人のコンピュータに侵入する行為のことで，善悪の要素はもたない。

　他に第三者による手口としては，清掃員になりすますなどしてゴミ箱に捨てられた資料をあさったり（ゴミ箱あさり），肩ごしにPCのディスプレイを盗み見てパスワードなどの情報を不正に盗む行為（ショルダーハック）がある。

　上記のように，本人になりすましてコンピュータを利用する行為は，「不正アクセス行為の禁止に関する法律」（平成十一年法律第百二十八号）において処罰の対象となる。本人の識別符号を不正に盗み，第三者に提供し，不正なコンピュータ利用を助長する行為も処罰の対象である。また，コンピュータやネットワークのセキュリティホール（ソフトウェアのバグや不具合といった欠陥のこと）を悪用してコンピュータ内に侵入する行為も処罰の対象である。

(2) 技術的脅威

　技術的脅威は，外部からサーバにアクセスし，サーバに過負荷をかけて停止させたり，利用者を混乱させるものである。代表的なものに，マルウェア，DoS攻撃およびスパムメールがある。また，技術的な欠陥の脅威としてセキュリティホールがある。

a. マルウェア

　マルウェア（malware）とは，悪意のあるソフトウェアの総称のことで，コンピュータウイルス，トロイの木馬，ワームなどがある。主なマルウェアは5-10表のとおりである。なお，5-9図は経済産業省が提示（1990年）しているコンピュータウイルスの定義[13]である。

b. DoS攻撃

　DoS攻撃（denial of service attack）とは，大量のパケットを送りつけてサーバに過負荷をかけ，機能を停止させるものである。また，一つのサーバに，複数のコンピュータか

13：総務省．国民のための情報セキュリティサイト．https://www.soumu.go.jp/main_sosiki/joho_tsusin/security_previous/kiso/k04_virus.htm，（参照 2020-04-08）．

5-10表　主なマルウェア

名称	特徴
コンピュータウイルス （computer virus）	コンピュータに侵入し，データを破壊したり，ほかのコンピュータに損害を与えることを目的に作られた悪意あるプログラムのこと。
トロイの木馬	正体を偽って（例えば，楽しそうなゲームソフトのように見せかけるとか）コンピュータに侵入して，データの消去や外部流出，コンピュータの設定変更やコンピュータを乗っ取って外部侵入のための入り口を作るなどの悪さをする。他のファイルに寄生したり，自分自身で増殖することはない。時間を経てから発症するタイプもある。
ワーム（worm）	インターネットやUSBメモリなどの記憶媒体を通じてコンピュータに侵入し，ファイルを破壊したりハードディスクを初期化するなどの悪さをする。「トロイの木馬」と同じく他のファイルに寄生することはないが，自己増殖して他のシステムに拡散する性質があり，比較的容易に作成されることから被害が急増している。
ボット（bot）	ボットは，感染したコンピュータを乗っ取り，ボット化（外部から遠隔操作）することを目的とするソフトウェアのこと。コンピュータに侵入すると，コンピュータは悪意のある第三者によって操作され，DDoS（distributed denial of service）などの外部攻撃やスパムメールの送信などに悪用される。
スパイウェア （spyware）	PCに侵入したプログラムが，ユーザに気づかれずに様々な情報などを収集して，プログラムの提供元に送信するタイプのプログラムの総称のこと。ユーザに不利益を与えることからマルウェアの一種とされている。
スケアウェア （scareware）	ユーザを脅して恐怖心をあおり，金銭や情報を奪い取るタイプのマルウェアのこと。例えばコンピュータの画面上にウイルス感染したかのようなメッセージを表示して恐怖心をあおり，金銭を支払わせる。
ランサムウェア （ransomware）	PCをロックしたり，ファイルを暗号化するなどの悪さをしておきながら，お金を払えば修復してあげる，と身代金を要求するタイプのマルウェアのこと。

コンピュータウイルス（以下「ウイルス」とする。）
　第三者のプログラムやデータベースに対して意図的に何らかの被害を及ぼすように作られたプログラムであり，次の機能を一つ以上有するもの。
（1）自己伝染機能
　自らの機能によって他のプログラムに自らをコピーし又はシステム機能を利用して自らを他のシステムにコピーすることにより，他のシステムに伝染する機能
（2）潜伏機能
　発病するための特定時刻，一定時間，処理回数等の条件を記憶させて，条件が満たされるまで症状を出さない機能
（3）発病機能
　プログラムやデータ等のファイルの破壊を行ったり，コンピュータに異常な動作をさせる等の機能

5-9図　コンピュータウイルスの定義

ら一斉に DoS 攻撃を行うことを DDoS 攻撃（distributed denial of service attack）という。

c.　スパムメール

スパムメール（spam mail）とは，インターネットなどで収穫したメールアドレスをもとに，受信者の許可を得ることなく無差別かつ大量に送りつけてくる広告メールのことである。必要なメールがわかりにくくなることから「迷惑メール」とも呼ばれる。

d.　セキュリティホール

セキュリティホール（security hole）とは，コンピュータソフトウェアのバグや不具合といったセキュリティ上の欠陥をいう。セキュリティホールが残されている状態でコンピュータなどを利用していると，クラッカーなどに攻撃されたり，ウイルスに感染する危険性が高まる。例えば，コンピュータ内の情報が漏えいしたり，プログラムやデータが改ざん・破壊されたり，大量のデータを送りつけられてシステム停止に陥るなどの被害を受ける。また，設定してあるセキュリティ機能自体を不能にさせられることもある。

5.5.4　情報セキュリティの対策

(1)　主な人的対策

a.　セキュリティ教育の実施

組織の情報セキュリティを確保するには，定期的に情報セキュリティ教育を実施し，利用者の意識を高めることが重要である。例えば，パスワードは定期的に変更すること，以前に使っていたパスワードを定期的に繰り返して利用しないこと，インターネットメールの添付ファイルは不用意に開かないこと，離席時の PC のセキュリティを確保するためにスクリーンセーバ（screensaver）を設定することなどの再指導とか，クラッキングの最新手口を紹介することも重要である。

b.　アクセス管理

組織のネットワークでは，さまざまなファイル（データ）が共有フォルダに置かれていることが多いため，データが盗まれたり改ざんされる恐れがある。ネットワーク上でデータを共有しているような場合は，アクセス者を限定することで，データが盗まれるなどのリスクを低減できる。例えば，役職や職種（部門）によって利用できるコンピュータを決めたり，フォルダへのアクセス者を限定する。なお，人事異動や退職で業務が外れた者のアクセス権限は速やかに外さなければならない。

(2)　主な技術的対策

a.　ウイルス対策ソフトウェア

コンピュータウイルスの感染経路は，ネットワークや USB メモリなどがある。この脅威から守るためには，コンピュータウイルスを駆除する機能をもつコンピュータウイルス対策ソフトウェア（ワクチンソフトウェアとも呼ばれる）を導入し，適時，感染経路をス

キャンすることが重要である。なお，コンピュータウイルスを検出する情報（パターンファイル）は常に最新バージョンでなければならない。

b. ユーザ ID とパスワードの管理

　コンピュータは，ユーザ ID とパスワードの組み合わせが正しいことが確認されて，利用できる仕組みをとっている。そのため，パスワードが第三者に容易に推測されにくく，パスワード解析に時間がかかるように設定にすることが重要である。生年月日や電話番号は推測されやすいので当然使ってはいけない。一般的に，パスワードは英大文字・小文字と数字と記号を組み合わせ，8 文字以上にすることが推奨されているが，いまや複雑な 8 文字のパスワードであったとしても，通常のコンピュータであれば数日以内に解読されてしまうといわれていることから，セキュリティ業界では 16 文字以上が推奨されている。

c. セキュリティホールの対処

　ソフトウェアのバグや不具合に対して，メーカなどから修正プログラムが配布されている場合は，速やかに入手し修正を行わなければならない（パッチを当てる）。なお，クラッカーなどの攻撃者は，パッチ未対応の無防備なコンピュータを狙うことから，パッチが配布されるのを待つだけでなく，ユーザ自らが利用している OS やアプリケーションソフトウェアの更新状況を確認する行為も必要である。例えば，Windows10 環境ならば，PC 画面左下のウィンドウズロゴを右クリックすると，［ウィンドウズの設定］ウィンドウが表示されるので，［更新とセキュリティ］をクリックすることで，現在の Windows Update 状況が確認できる。

d. 暗号化

　暗号化とは，原文を決まった規則に従って変換し，第三者が解読できないようにすることである。暗号化された情報を再び原文にもどすことを復号という。暗号化するときも復号するときも，それぞれ鍵が必要となる。主な暗号方式としては，共通鍵暗号方式と公開鍵暗号方式がある。

　共通鍵暗号方式（common key cryptography）は，暗号化と復号で同じ鍵（共通鍵）を使用する。したがって，送信者は通信相手ごとに共通鍵を用意することになるので，通信相手の多さに比例して鍵の管理が大変となる。

　公開鍵暗号方式（public key cryptography）は，暗号化と復号で異なる鍵（秘密鍵と公開鍵）を使用する。受信者が秘密鍵と公開鍵を生成し，送信者は受信者の公開鍵を使って平文（暗号化されていないデータ）を暗号化する。受信者は受信者の秘密鍵で暗号文を復号する。

e. 電子署名

　電子署名とは，電子データが本人によって作成されたことの保証および電子データが改ざんされていないことを保証する技術である。

　電子署名を行うには公開鍵暗号方式を利用するが，通常とは逆の使い方をする。すなわ

ち，送信者は自身の秘密鍵で暗号化したものに公開鍵を添付して受信者に送信する。これを受けた受信者は添付されている公開鍵を用いて暗号文を復号する。

　ネットワークを介して取引が日常的に行われている今日，金融機関やネットショッピング事業者などを装って電子メールを送りつけて，銀行口座番号やクレジットカード番号などを搾取する犯罪が多発している。また，インターネット取引の内容が改ざんされたり，自らの取引行為を否認するような手口の犯罪も起きている。これらはいずれも本人同士の面識による直接取引でないことから，本人になりすまして取引を行ったり，データ送信過程で取引内容を改ざんすることができる。電子署名は，本人であることの保証および電子データの原本性を保証することが可能となることから，電子取引を確実にし，電子犯罪を防止することができる。

f.　電子透かし

　電子透かし（digital watermark）とは，画像や音などのデジタルデータの品質に影響を与えることなく，特定の情報を埋め込む技術のことである。著作権情報を埋め込むために利用されることが多い。例えば，電子文書に電子透かしを埋め込み，これをプリントアウトしたものを複製すると，この複製物に隠し文字を浮かび上がらせて，原本の電子文書からプリントアウトしたものでないことを視覚的に示すことで，真正確認や不正複製行為のけん制に役立たせる。また，肉眼でわかりづらい隠しフォントなどを印刷時に一緒に印字することで，不正流通元の追跡情報に役立たせることもできる。なお，電子透かしを埋め込んだデジタルデータを一つの画像データと捉えた場合，この画像データはソフトウェアにより拡大したり縮小したり，あるいは切り取りなどさまざまな加工が容易に行えることから，電子透かしはこういった加工処理にも耐えられなければならない。

g.　生体認証

　生体認証とは，人の身体的特徴を用いて本人確認を行う認証技術である。バイオメトリクス（biometrics）認証とも呼ばれる。パスワードやカードによる認証と比べ，忘れや盗聴，紛失や盗難がないことから，本人過失による認証拒否とか，第三者の「なりすまし」に対する防止効果が高い。認証方式には，指紋認証，顔認証が多く使われている。他に，静脈認証，網膜認証，虹彩認証，音声認証などがある。また，人が署名する際の筆跡や筆圧の特徴を用いた認証方式もある。生体認証装置は，本人拒否率と他人受入率の双方を考慮しながら本人判定を調整している。

h.　ファイアウォールの設定

　ファイアウォール（firewall）とは，火災の際に火の手を防ぐ「防火壁」の意味で，コンピュータネットワークにおいては外部ネットワークからの不正な侵入を防ぐ役割の総称である。その役割はソフトウェアまたは機器が担う。ファイアウォールの設定は，LAN内部と外部ネットワークの境界で行う（5-10図）。ファイアウォールはプロキシサーバ（次項を参照）からのリクエストを受けて，外部ネットワークへ通信するが，ファイアウォール

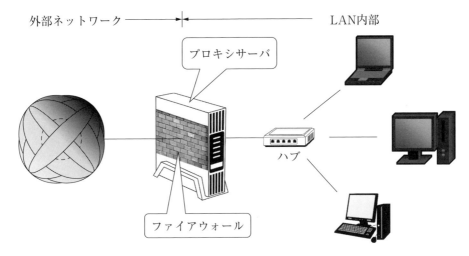

外部ネットワーク

LAN内部

プロキシサーバ

ハブ

ファイアウォール

5-10図　ファイアウォールとプロキシサーバの概念

　の設定で外部ネットワークとの遮断レベルを強くしてしまうと，外部との自由な通信が拘束され過ぎてしまうので，設定のコントロールが必要となる。一方，ある程度の通信拘束は，LAN内部から外部ネットワークに出ていく情報を制限することができることから内部情報の漏えいに対する効果もある。ただし，電子メールウイルス（電子メールに添付されているウイルス）やフィッシング（一般的には，電子メールのリンクから偽サイト（フィッシングサイト）に誘導し，そこで本人自ら個人情報を入力させる手口）の攻撃は防ぐことができない。

i.　プロキシサーバの設置

　「プロキシ」とは代理の意味で，プロキシサーバ（proxy server）とはLAN内部からの外部ネットワークへのアクセスを代理で行うサーバの総称である。通常は，LAN内部と外部ネットワークの境界に位置するファイアウォール上で稼働する（5-10図）。プロキシサーバがLAN内部からリクエストを受けて，事前に設定したアクセスの可否に基づき，代理で外部ネットワークに接続する。外部ネットワークからLAN内部へのアクセスを禁止する設定もできる。また，プロキシサーバにはデータを蓄えるキャッシュが搭載されているので，インターネットで同じウェブサイトを閲覧する際のアクセスを高速化できるとともに，通信の記録（ログ）を取得する機能を備えることからLAN内部の利用者がどんなウェブサイト見ていたかを調べることもできる。

付録 | 検索技術者検定の概要と試験範囲

1. 検索技術者検定の経緯と目的

　一般社団法人 情報科学技術協会（Information Science and Technology Association：INFOSTA）が1985年に開始したデータベース検索技術者認定試験（通称：サーチャー試験）は，その後情報検索能力試験（応用・基礎）という名称変更を経て，2014年度から「検索技術者検定」（略称：検索検定）という名称で，毎年実施されている。

　本検定は，情報検索に関する知識や技能を客観的に評価する試験である。1級・2級の試験の目的は，企業，大学，図書館等において，研究開発やマーケティング，企画等のビジネスで必要とされる信頼性の高い情報を入手して活用できる専門家を育成することである。これらの高度なスキルを持った人材は，大学，企業等の情報管理部門で情報調査の支援や利用者教育を担当する。それとともに，情報分析とその結果のプレゼンテーション等までを行う情報専門家（「インフォプロ」）としても活動することが期待されている。また，仕事を効果的・効率的に行うマネジメントの能力も必要とされる。一方，3級は情報収集や情報活用のリテラシー能力を検定するものであり，一般社会人，大学生，専門学校生，新人図書館員を対象にしている。3級は，2級・1級への入門的な位置づけとなっている。

2. 検索技術者検定のレベル

　本検定には，三つのレベルが設定されている。2級と3級は受験資格を問わないが，1級は2級合格者に限る。本テキストは，3級レベルの受験内容に即した公式テキストになっている。

　(1) 3級は，「検索」に興味のある人であれば誰でも受験ができる。実際の設問は，情報検索の基本的な知識とスキルを問うものであり，本書を勉強することで，合格に必要な基礎知識を身につけることができる。設問は，すべて選択肢問題の形式となっている。2020年度から「会場型CBT（Computer Based Testing）方式」で実施される。この方式では，受験者は指定された受験期間と提示された全国47都道府県の会場を見て，都合の良い会場と時間を選択して受験ができ，パソコンの画面に出題される問題を見ながら解答する。

また, 合否判定は, 受験終了後すぐに表示される。公示された期間内であれば, 再受験も
可能である。

(2) 2 級は, 組織において情報検索業務に従事している人, あるいは自身のために情報
収集活動を実施している人, 情報関係の大学で情報活用についての授業を履修した人, 図
書館員等を想定している。設問は, 前半が選択肢問題, 後半が記述問題となっている。2
級受験のためには, 『プロの検索テクニック 第 2 版：検索技術者検定 2 級 公式推奨参考
書』が近刊予定である (2020 年 5 月現在)。

(3) 1 級は, 組織において情報検索業務に従事しており, 実務経験が豊富な人, 情報活
動に関する高い知識とスキルを有する上級情報担当者等を想定している。インフォプロと
しての経験, 考え方, マネジメントスキル, ユーザ教育, 指導育成力, 部門間調整力や問
題解決力, プレゼンテーション能力が問われる。一次試験は論文形式およびレポート形式
の筆記試験, 二次試験は一次試験合格者に対する面接形式（プレゼンテーションと口頭試
問）が実施される。

3. 受験者数, 合格者数, 合格率

2014 年度以降の検定試験の受験者数, 合格者数, 合格率および過去の累計数は, 付録-1
表に示したとおりである。また, 各試験開始からの累計数は, 3 級は 1993 年以降, 2 級は
1985 年以降, 1 級は 1986 年以降の累計数を示している。

付録-1 表　過去の試験データ

試験区分／年		2014 年	2015 年	2016 年	2017 年	2018 年	2019 年	累　計
3 級	受験者数	613	564	558	463	358	421	16,505
	合格者数	517	475	468	393	305	348	13,243
	合格率	84.3 %	84.2 %	83.9 %	84.9 %	85.2 %	82.7 %	80.2 %
2 級	受験者数	150	159	186	141	172	162	13,547
	合格者数	65	70	86	65	84	75	5,617
	合格率	43.3 %	44.0 %	46.2 %	46.1 %	48.8 %	46.3 %	41.5 %
1 級	受験者数	10	20	13	12	19	21	1,851
	合格者数	7	8	5	6	14	8	366
	合格率	70.0 %	40.0 %	38.5 %	50.0 %	73.7 %	38.1 %	19.8 %
合計	受験者数	773	743	757	616	549	604	31,903
	合格者数	589	553	559	464	403	431	19,266

4. 検索技術者検定の試験範囲

本書は，3級の試験区分に合わせて上から順に1章から5章に対応した形で構成している。

付録-2表　検索技術者検定の試験範囲

区分	3級	2級	1級
情報検索技術に関する知識と実践	• 情報検索とは • 情報検索の理論と仕組み • 論理演算子，検索式，トランケーション等の検索技術に関する知識 • 情報検索の流れ • 検索結果の評価	• 情報資源の選択能力 • 検索システムに関する知識 • コマンド，検索式，キーワード，シソーラス等の検索技術に関する知識 • 情報要求者とのコミュニケーション能力 • インフォプロの役割	• 情報資源の選択および経済的評価能力 • 高度な検索技術の実施能力 • 情報要求者とのコミュニケーション能力 • インフォプロの役割
情報組織化と流通	• データと情報 • 一次情報，二次情報，デジタルコンテンツ • 情報資源の組織化 • データベースの概念と種類 • 情報サービス機関	• 情報検索の歴史 • データベースの種類 • データベースの流通 • 情報サービス機関	• データベースの種類 • データベースの流通 • 情報サービス機関
さまざまな情報資源（3級）専門分野の情報資源（2，1級）	• ネットワーク情報資源の検索 • ネットワーク情報資源の種類	• 代表的な専門分野の情報資源と特徴 • 専門分野の検索戦略作成 • 専門分野の検索主題の解析能力 • 専門分野の調査結果の評価，考察 • 専門分野のサーチエイドに関する知識 • 情報検索に関する英文読解力	• 専門分野の情報資源 • 専門分野の主題知識 • 専門分野の法規制に関する知識 • 専門分野の調査結果の解析，評価 • 専門分野周辺領域に関する知識 • 情報検索に関する英文読解力
情報の利活用	• 知的財産権，著作権に関する知識	• 情報の管理 • 情報の分析 • 情報と問題解決 • 知的財産権，著作権に関する知識	• 情報の管理 • 情報の分析 • 情報と問題解決 • 知的財産権，著作権に関する知識
情報の最新技術	• ネットワーク社会の諸問題 • ネットワーク社会の法制度 • コンピュータに関する知識 • インターネットに関する知識 • 情報セキュリティに関する知識	• コンピュータに関する知識 • インターネットに関する知識 • 情報セキュリティに関する知識	• コンピュータに関する知識 • インターネットに関する知識 • 情報セキュリティに関する知識
情報の伝達と評価		• 思考過程を簡潔に表現する文章作成能力	• 小論文執筆能力 • プレゼンテーション能力
教育・指導能力調整・提案能力			• ユーザ教育の企画・運営能力 • サーチャー教育の企画・運営能力 • 部門間調整能力

5. 検索技術者検定 3 級「会場型 CBT 方式」受験の概略

検索技術者検定（略称：検索検定）3 級の概略は，付録-1 図のとおりである。

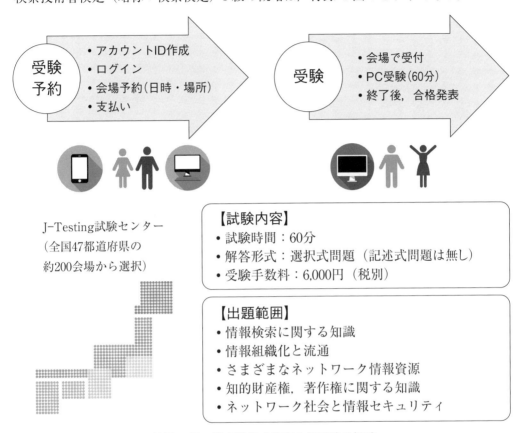

J-Testing試験センター
（全国47都道府県の
約200会場から選択）

付録-1 図　検索技術者検定 3 級受験の概略

6. 検索技術者検定に関する最新情報

検索技術者検定に関する最新情報は，下記の URL で確認できる。2019 年度までの過去問，解答例，合格者の声，セミナー，テキスト，参考書の紹介などに関する情報を得ることができる。

- 一般社団法人 情報科学技術協会「検索検定」
  https://www.infosta.or.jp/kensaku-kentei/

用 語 解 説

解説末尾の数字は用語が出現する主な章を示す。

CPU ［central processing unit］　中央処理装置のこと。キーボード等の入力装置や記憶装置からデータを受け取って，演算を行い，その結果を出力装置や記憶装置に命令を出す。5

DOI ［digital object identifier］　デジタルオブジェクト識別子という。ネットワーク上のデジタルコンテンツに付与される一意的に所在を識別するための国際的な識別子のこと。コンテンツへの永続的なアクセスと利便性の向上を目的に，ISO 26324：2012 の国際規格になっている。わが国の DOI 登録機関としては，ジャパンリンクセンター（JaLC）がある。2

DoS 攻撃 ［denial of service attack］　大量のパケットを送りつけてサーバに過負荷をかけ，機能を停止させる攻撃のこと。5

e-文書法 ［Act on Utilization of Telecommunications Technology in Document Preservation, etc. Conducted by Private Business Operators, etc.］　企業が法令で義務づけられている「紙」文書の原本保存について，要件を満たすことにより電子データとして保存することを認める法律。正式名称は「民間事業者等が行う書面の保存等における情報通信の技術の利用に関する法律」である。もう一つの略称を電子文書法という。5

FTP ［File Transfer Protocol］　ネットワークでファイルの転送を行う役割の通信プロトコルのこと。5

HTML ［HyperText Markup Language］　ウェブページを記述するために開発された言語のことで，記述に使用するタグが決められている。インターネットで公開されているウェブページのほとんどは HTML で作成されている。5

HTTP ［HyperText Transfer Protocol］　ウェブサーバとウェブブラウザ間でハイパーテキストのページを送受信するための通信プロトコルのこと。5

HTTPS ［HyperText Transfer Protocol Secure］　ウェブサーバとウェブブラウザ間の HTTP によるデータ送信を暗号化して通信するための通信プロトコルのこと。5

IMAP ［Internet Message Access Protocol］　電子メール受信用の通信プロトコルの一つ。電子メールはメールサーバ側で管理する方式をとる。5

IP アドレス ［Internet Protocol address］　IP ネットワークに接続されている個々のコンピュータに与えられる識別番号のこと。5

LAN ［local area network］　ケーブルや無線などを使って，同一の敷地内や建物内といった比較的狭い範囲で，データをやり取りするネットワークのこと。構内通信網とも呼ばれる。5

N グラム法 ［N-gram］　検索の対象文字列を検索するために，文字列を 1 文字ずつずらしながら N 文字単位に分割して目的の文字列を調べる検索方法。1 文字単位の場合をユニグラムまたはモノグラム，2 文字単位の場合をバイグラム，3 文字単位の場合をトリグラムという。1

OCR ［optical character recognition］　光学文字認識のこと。OCR を使用することにより，文書を手作業でコンピュータに入力する手間を省くことができ，効率的に文書の電子化を図ることができる。ひらがな，カタカナ，アルファベット，漢字など混在するような文書の場合は，誤認識することもあるため，人による確認が必要である。2

POP ［Post Office Protocol］　インターネットなどの TCP/IP ネットワークで標準的に用いられている電子メール受信用の通信プロトコ

ルの一つ。ダウンロードした電子メールは端末側で管理する方式をとる。5

SIST〔Standards for Information of Science and Technology〕　科学技術情報流通技術基準のこと。科学技術振興機構（JST）が，わが国の科学技術情報の流通を円滑にするために，学術情報の記述方式などの基準を定めたもの。SIST 01（抄録作成）から SIST 14（電子投稿規定作成のためのガイドライン）までの 14 種類の基準がある。2, 4

SMTP〔Simple Mail Transfer Protocol〕　インターネットなどの TCP/IP ネットワークで標準的に用いられている電子メール送信用の通信プロトコルのこと。5

TCP/IP〔Transmission Control Protocol/Internet Protocol〕　インターネットにおける標準的な通信プロトコルのこと。5

WAN〔wide area network〕　電気通信事業者が提供する回線を利用して，本社 LAN と遠隔地の支社 LAN をつなげるなど，広い地域をカバーするネットワークのこと。広域通信網とも呼ばれる。5

XML〔Extensible Markup Language〕　文字列（データ）の意味や文書構造などを記述するために開発された言語のことで，記述に使用するタグは自由に設定できる。5

XSL〔Extensible Stylesheet Language〕　XML で記述した文書をウェブページ上で，HTML で記述したように見栄えよく閲覧できるようにするためのスタイルシート言語のこと。5

アップポスティング〔up-posting〕　シソーラスや件名標目表の統制語が使用できる情報資源（データベース等）で，索引語の上位概念の統制語をコンピュータで自動付加すること。これにより，統制語を使用して検索する場合，上位語を入力すると下位語を含めた検索ができるようになり，検索漏れが少なくなる。1

アプリケーションソフトウェア〔application software〕　OS（オペレーションシステム）の機能を利用して，OS の上で動作するソフトウェアのこと。身近なものとして，Word や Excel などがある。5

一次資料〔primary materials〕　一次情報を収録している資料のことである。具体的には，図書，雑誌，新聞，テクニカルレポート，会議資料，学位論文，規格資料，特許資料などがある。2

インターネット〔internet〕　社内 LAN や企業 WAN などの国内外のあらゆるネットワークが相互接続された世界規模のネットワークのこと。5

イントラネット〔intranet〕　インターネットの技術を使って，組織内だけで利用するためのネットワークのこと。5

インバーテッドファイル〔inverted file〕　転置ファイルともいう。検索結果を迅速に処理して検索結果を表示するために，各レコードから切り出された語句や数値などを検索キーとして再編成した索引ファイルのこと。データベースを構成するレコードの件数表示のほか，データベースの中での各検索キーの出現位置や出現フィールドなどが記録されている。1

インフォメーションプロフェッショナル〔information professional〕　略してインフォプロといわれることもある。情報の蓄積やデータベース構築，情報検索，検索後の情報分析等に携わる情報専門家のこと。インフォプロは，企業図書館や企業の情報管理部門，大学や研究所の学術図書館などで高度な情報検索や情報処理に携わっている。なかでも情報検索を中心とした業務に携わる情報専門家は，サーチャー（searcher）とも呼ばれる。2

ウェブ〔web〕　World Wide Web（略名：WWW）のことで，インターネット上で情報（コンテンツ）を閲覧することのできる仕組みとなっているシステムのこと。3, 5

ウェブサイト〔website〕　複数のウェブページから構成された，ひとまとまりのウェブページ群のことで，単にサイトともいう。ウェブサイトの代わりに，広義の意味でのホームページという言葉を使用することもある。3, 5

ウェブブラウザ〔web browser〕　ウェブサイ

トを閲覧するためのアプリケーションソフトウェアのこと。例えば，Microsoft 社の Internet Explorer や Microsoft Edge，Google 社の Google Chrome などがある。3, 5

ウェブページ［web page］　ウェブブラウザを使って一度に表示される文書のこと。3, 5

オペレーティングシステム［operating system］入出力の制御，主記憶装置やハードディスクなどのハードウェアの管理，プロセスの管理といった，コンピュータの基本的な管理や制御を行っているソフトウェアのこと。5

巻末索引［back-of-the-book index］　図書の中に出てくる主要な語句や事項を取り出し，見出し語として一定の順序で配列し，その所在を巻末から速やかに本文の当該箇所が検索できるようにした索引。辞書・事典や図書の巻末に掲載されている。2

機関リポジトリ［institutional repository］　学術機関リポジトリともいう。大学や研究機関に所属する教員や研究者が生産した学術研究成果（学術雑誌論文，学位論文，研究紀要，研究報告書等）を，その大学が電子的に蓄積，保存し提供するシステムや一連のサービスのこと。国立情報学研究所（NII）が提供する IRDB は，機関リポジトリを横断検索ができるサービスである。略して IR ともいう。2

記事索引［periodical index］　雑誌や新聞などの個々の記事の内容を主題やテーマおよび著者名などから検索できるように作成した索引。現在では有料あるいは無料のデータベースで提供されている。2

基本件名標目表［Basic Subject Headings］　日本図書館協会が編集・刊行する統制語のリスト。日本の図書館で，図書の目録作業を行う際に件名（統制語）付与に使用されている。2

共通鍵暗号方式［common key cryptography］暗号化を行う送信者と復号を行う受信者が同じ鍵（共通鍵）を使用する暗号方式。使用する鍵は第三者には秘密にしなければならないことから，秘密鍵暗号方式とも呼ばれる。5

近接演算［proximity operations］　論理積（AND検索）ではノイズが生じる検索で，入力する二つの検索語の隣接順序や位置関係などを指定して検索精度を高めることができる演算のこと。二つの検索語の間に存在する語数を指定したり，同一文中に二つの検索語が存在する検索なども検索できる。1

クラッキング［cracking］　悪意を持って他人のコンピュータに不正に侵入し，データ改ざんなどを行う悪事のことで，この悪事を働くハッカー（hacker）のことをクラッカー（cracker）と呼ぶ。5

クリエイティブ・コモンズ［Creative Commons］著作権の適正な再利用の促進を目的として，クリエイティブ・コモンズ・ライセンス（Creative Commons license：CC ライセンス）を提供している国際的非営利組織とそのプロジェクトの総称のこと。4

グローバル IP アドレス［Global Internet Protocol address］　プロバイダから与えられる世界で固有の IP アドレスのこと。インターネットで通信する際に相手を特定して IP パケットを送信したりするのに必要となる。5

形態素解析［morphological analysis］　文章を意味のある単語（形態素）に区切り，辞書を利用して品詞や内容を判別すること。コンピュータによる自然言語処理技術の一つである。1

検索エンジン［search engine］　ウェブページを検索するためのソフトウェア。ロボット型検索エンジンとメタ検索エンジンの 2 種類がある。代表的なものに，Google, Yahoo!, Bing, Ceek.jp, 検索デスクがある。3

検索式［query］　検索質問を検索語で表現し，2 つ以上の検索語を論理演算子（AND 演算子，OR 演算子，NOT 演算子）や近接演算子などの演算子で組み合わせて表現したもの。AND 演算子はスペースで代用されることも多い。1

検索漏れ［drop-out］　検索要求に合致しているにもかかわらず，検索されなかった情報。1

公開鍵暗号方式［public key cryptography］

暗号化を行う送信者と復号を行う受信者が異なる鍵（公開鍵と秘密鍵）を使用する暗号方式。受信者が公開鍵と秘密鍵を作成し，送信者は受信者の公開鍵を入手し暗号化を行う。そして，受信者は自分の秘密鍵で復号する。5

公衆送信［public transmission］　著作物を公衆（利用者）に向けて送信すること。この公衆送信の権利（公衆送信権）は著作権者が専有するため，第三者が勝手に送信することは違法である。公衆送信の形態は，テレビなどの無線通信による放送，CATV などの有線通信による放送およびインターネットなどの自動公衆送信がある。なお，自動公衆送信の形態では，送信だけでなく，送信の準備段階ともいえる送信可能な状態にする行為も含まれることから，著作権者は送信可能化権も専有する。4

個人情報保護法［Act on the Protection of Personal Information］　個人の権利利益を保護することを目的とし，個人を特定し得る情報を取扱う事業者に対して，その適正な取扱い方を定めている法律。正式名称は「個人情報の保護に関する法律」である。5

コンピュータウイルス［computer virus］　コンピュータに侵入し，データを破壊したり，ほかのコンピュータに損害を与えることを目的に作られた悪意あるプログラムのこと。5

再現率［recall ratio］　データベース中に存在する情報要求に合致する適合情報全体のうち，実際に検索された適合情報の割合を表す。検索漏れの程度を示す指標。1

シーケンシャルファイル［sequential file］　順編成ファイル，シリアルファイルなどともいう。書誌事項，抄録，キーワードなどのデータベースに収録している情報を，レコード単位に順次連続的に入力したファイルのこと。このファイルは，主に検索結果の内容表示や，一度検索した結果をさらに絞り込みたいときに利用される。1

シソーラス［thesaurus］　主に文献（論文や新聞記事）に付与するための統制語リスト。件

名標目表と異なる点は，全分野を対象とせず，文献データベースが扱う主題分野を中心とした統制語彙となっている点である。優先語（ディスクリプタ）の同義語・類義語，上位語・下位語の階層関係，関連語を整理した統制語彙のこと。検索漏れの少ない検索を行いたい場合に使用すると有効である。2

自動公衆送信［automatic public transmission］　無線，有線を問わず公衆（利用者）からの要求を受けて自動的に送信すること。すなわち，インターネット上でウェブサイトを閲覧させる行為が該当する。なお，自動公衆送信には送信可能な状態にする行為（送信可能化）も含まれる。4

主記憶装置［main storage］　CPU から直接操作できるもので，データやプログラムを記憶する装置のこと。メインメモリ（main memory）とも呼ばれる。5

主題分析［subject analysis］　情報検索する場合は，情報要求の内容を分析し，そこに表現されている概念を言葉に表現する作業をいい，この言葉を検索語に置き換えて検索する。一方，索引作業を行う場合は，データベースに収録される文献などの中に表現されている内容やテーマを分析して，言葉に表現する作業をいい，索引語としてデータベースに蓄積される。1

情報［information］　データを特定の目的に沿って取捨選択し，評価して価値づけられたものをいう。2

情報検索［information rerieval］　あらかじめ蓄積された情報集合から，ある特定の条件に合致した情報のみを取り出すこと。略してIR ともいう。1

情報資源［information resources］　必要なときに利用できるように何らかの方法で蓄積された情報や資料のこと。3

商用情報検索システム［commercial information retrieval system］　契約を結んで有料で利用できる情報検索システムのこと。データベース提供機関あるいはデータベース代理店

を通じて利用できる。わが国で利用できる代表的なものに，JDreamⅢ，G-Search，日経テレコン，Dialog，STN がある。3

抄録［abstract］　論文や記事の内容の概略を迅速に把握する目的で作られた文章で，主観的な解釈や批判を加えず，記事の重要な内容を簡潔かつ正確に記述したものをいう。原記事の著者によって書かれたものを著者抄録といい，原記事の著者以外によって書かれたものを第三者抄録という。2

書誌［bibliographies］　図書や雑誌記事などを一定の選択基準に従って収集し，それらの書誌情報（書名，著編者名，版表示，出版者，出版年，主題など）を収録対象とし，一定の配列にしたがって収録した文献リストのことをいう。2

書誌ユーティリティ［bibliographic utility］　共同書誌データベースに蓄積された書誌情報を，コンピュータネットワークを通じて，多数での共同利用を可能とするネットワークサービス，あるいはそれを提供する組織のことをいう。代表的な書誌ユーティリティに，日本の国立情報学研究所（NII）や米国の OCLC がある。2

深層ウェブ［deep web］　ウェブ上に公開されているネットワーク情報資源のうち，基本的には検索エンジンでは検索できないウェブサイトあるいはウェブページ。3

スケアウェア［scareware］　ユーザを脅して恐怖心をあおり，金銭や情報を奪い取るタイプのマルウェアのこと。例えばコンピュータの画面上にウイルス感染したかのようなメッセージを表示して恐怖心をあおり，金銭を支払わせるようにする。5

ストップワード［stop word］　日本語では不要語といい，文章中に高頻度で出現する語で，インバーテッドファイルに収録されないため，検索することができない語。英語では，of，the，with などがストップワードに指定されている。1

スパイウェア［spyware］　パソコンに侵入したプログラムが，ユーザに気づかれずにさまざまな情報などを収集して，プログラムの提供元に送信するタイプのプログラムの総称のこと。ユーザに不利益を与えることからマルウェアの一種とされている。5

スパムメール［spam mail］　インターネットなどで収集したメールアドレスをもとに，受信者の許可を得ることなく無差別かつ大量に送りつけてくる広告メールのこと。必要なメールがわかりにくくなることから「迷惑メール」とも呼ばれる。5

生体認証［biometrics］　人の身体的特徴を用いて本人確認を行う認証技術のこと。指紋や顔を使った認証方式がよく使われている。5

精度［precision ratio］　実際に得られた検索結果の情報全体のうち，どれだけ適合情報が検索されたかという割合を表す。ノイズの程度を示す指標。1

セキュリティホール［security hole］　コンピュータソフトウェアのバグや不具合といったセキュリティ上の欠陥のこと。プログラミングのコーディングミスやシステムの設定ミス，未熟なシステム設計等が原因で生じる。セキュリティホールを放置しておくと，クラッカー等の攻撃により被害を受ける可能性がある。5

送信可能化［making available for transmission］　自動公衆送信により著作物を送信可能な状態にすること。すなわち，インターネットに接続しているサーバ上に著作物を保存し，第三者がアクセスできる状態にすること。この送信可能化の権利（送信可能化権）は著作隣接権者および著作権者が専有するため，第三者が勝手に送信可能な状態にすることは違法である。4

著作権法［Copyright Act］　著作物やそれらを扱う行為に関して著作権者および著作隣接権者の権利を定め，著作物の適正な利用を図る法律。4

データ［data］　事実（fact）から収集された素材を記号化したもの。データの表現方法には，

文字，数値，画像，映像，音声などによるものがある。2

データベース［database］　著作権法によれば，論文，数値，図形その他の情報の集合物であって，それらの情報を電子計算機を用いて検索することができるように体系的に構成したものをいう。2

テキストファイル［text file］　文字コードのみから構成されるファイル形式のことで，保存時の拡張子は「txt」である。5

デジタルアーカイブ［digital archive］　有形，無形の文化資源を電子化して保存し，インターネットを通じて利用，共有できるようにしたもの，またそのしくみ。2

デジタルコンテンツ［digital contents］　デジタル方式で記録された情報のことをいう。容易に劣化することなく複製できるという特徴がある。2

デジュール標準［de jure standard］　公的な機関が制定する標準のことをいう。具体的には，ISO 規格や IEC 規格などがある。デジュールスタンダードともいう。2

デバイス［device］　パソコンや電子書籍専用読書端末，汎用タブレット端末，スマートフォン等の端末のことをいう。2

デファクト標準［de facto standard］　市場で圧倒的な指示を得て，市場を支配した標準のこと。具体的には，パソコンの OS である Windows や PDF を閲覧するソフトウェアである Adobe Acrobat Reader 等がある。デファクトスタンダードともいう。2

典拠コントロール［authority control］　典拠とは確かな拠りどころという意味で，著者名や件名等を表す各標目に，一貫性のある標目付与ができるように，統一標目を決定し，統一標目形や採用しなかった名称からの参照，根拠情報などの記録を維持・管理すること。2

電子ジャーナル［electronic journals］　コンピュータで閲覧できる電子雑誌のこと。オンラインジャーナルともいう。とくに学術雑誌では，従来印刷物として出版されていたが，電子雑誌としても出版されているものが多くなっている。なかには，印刷物を発行しない電子出版のみのものもある。2

電子書籍［electronic books］　パソコンや電子書籍専用読書端末，汎用タブレット端末，スマートフォンなどのデバイスを用いて，閲覧することができる書籍のこと。e-books ともいう。2

電子署名［electronic signature］　公開鍵暗号方式の秘密鍵を利用し，電子データが本人によって作成されたことの保証，および電子データが改ざんされていないことを保証する技術のこと。5

電子署名法［Act on Electronic Signatures and Certification Business］　電子署名が手書きの書名や押印と同じように法的効力をもつことを定めている法律。正式名称は「電子署名及び認証業務に関する法律」である。5

電子透かし［digital watermark］　画像や音などのデジタルデータに，品質には影響を与えずに，特定の情報を埋め込む技術のこと。著作権情報を埋め込むために利用されることが多い。5

統制語［controlled language］　同義語の中から優先語（ディスクリプタ）を決め，その意味範囲や使用方法を限定し，件名標目表あるいはシソーラスに採録した語のこと。一方，統制をはからない語を，統制語に対して自然語という。2

トランケーション［truncation］　検索語の文字列の一部分が一致する語を検索する検索方法。一致の仕方に応じて，前方一致検索，後方一致検索，中間一致検索（部分一致検索），中間任意検索（前後一致検索）の4種類がある。1

二次資料［secondary materials］　二次情報を収録している資料のこと。具体的には，書誌，目録，目次誌，索引誌，抄録誌などがある。2

日本十進分類法［Nippon Decimal Classification］　森清が「デューイ十進分類法」と「展開分類法（Expansive Classification：EC）」を参考

に作成した0から9までの数字を使用した十進分類法で，現在は日本図書館協会が改訂編集並びに刊行している。最新版は新訂10版である。2

ノイズ［noise］　検索ノイズともいう。検索された情報のうち，検索情報要求に合致していない不要な情報。1

灰色文献［grey（gray）literature］　一般の商業出版ルートに乗らないため，入手がしにくい，あるいは入手が限定されている資料のこと。グレイリテラチャーともいう。テクニカルレポート，会議録，学位論文，政府刊行物などがあるが，近年ではウェブ上に電子化された情報が公開されている場合もある。2

バイナリファイル［binary file］　テキストファイルも含めコンピュータが扱えるすべてのファイル形式の総称のこと。5

パケット交換［packet switching］　送信するデジタルデータをある大きさ，すなわちパケットという単位に分割して一つひとつ送信する方式のこと。パケットには，データのほか通信先のアドレスやそのパケットが全体のどの部分を指すのかという位置情報などが付加されている。5

パスファインダー［pathfinder］　利用者自身が特定のテーマや主題について調べたい場合に，その図書館が所蔵している情報資源や探索方法を簡潔にまとめた1枚のリーフレットのこと。現在では，図書館のレファレンスサービスのウェブページから電子パスファインダーも提供されている。2

ハッキング［hacking］　ハッカー（hacker：コンピュータ技術に精通した人）が，他人のコンピュータに侵入する行為のことで，善悪の要素は持たない。5

表層ウェブ［surface web］　ウェブ上に公開されているネットワーク情報資源のうち，検索エンジンで検索できるウェブサイトあるいはウェブページ。3

ファイアウォール［firewall］　ファイアウォールとは火災の際に火の手を防ぐ「防火壁」の

意味で，コンピュータネットワークにおいてはLAN内部への外部ネットワークからの不正な侵入を防ぐ役割の総称のこと。ファイアウォールの設定は，LAN内部と外部ネットワークの境界で，外部ネットワークからのアクセスを遮断するかどうかの通信をコントロールする。5

不正アクセス禁止法［Act on Prohibition of Unauthorized Computer Access］　インターネット等において，不正アクセス行為とその助長行為を規制する法律。正式名称は「不正アクセス行為の禁止等に関する法律」である。4

不正競争防止法［Unfair Competition Prevention Act］　営業秘密の侵害，原産地偽装，模造品・海賊版商品の販売などを規制している法律。4, 5

フラッシュメモリ［flash memory］　データの消去や書き込みを自由に行うことができ，不揮発性（電源を切っても内容が消えない）の半導体メモリの一つ。5

プロキシサーバ［proxy server］　プロキシとは代理の意味で，LAN内部からの外部ネットワークへのアクセスを代理で行うサーバのこと。通常は，LAN内部と外部ネットワークの境界に位置するファイアウォール上で稼働させる。5

ポータルサイト［portal site］　ポータルとは門や入り口という意味で，さまざまなネットワーク情報資源や情報サービスへの入り口となるウェブサイトのこと。ポータルサイトが提供しているサービスには，ニュース，路線検索，地図検索，辞書検索，ブログ検索，メールサービスなどがあり，一つのポータルサイトで，さまざまな情報要求に対応できるようになっている。日本語の主なポータルサイトには，Google，Yahoo! JAPAN，goo などがある。2

ボーンデジタル［born digital］　印刷物等のアナログ資料から作成されず，はじめからデジタル方式で作成されるコンテンツのこと。2

補助記憶装置［auxiliary storage］　CPUから直

接操作できないため，電源を切っても内容が残る記録原理を用いて情報の記録や保存を行う装置のこと。例えば，ハードディスク，USB フラッシュメモリなどがある。5

翻案［adaptation］　既存の著作物の大筋を変えることなく，細かい点を改変すること。例えば，小説の映画化，古典の現代語訳，プログラムのバージョンアップなどが該当する。翻案することの権利（翻案権）は著作財産権の一つであるため，第三者が譲渡などにより権利を得た場合は，同一性保持権に留意しなければならない。4

マルウェア［malware］　悪意あるソフトウェアの総称のこと。コンピュータウイルス，トロイの木馬，ボット，ワーム，スパイウェアなどがある。5

迷惑メール防止法［Act on Regulation of Transmission of Specified Electronic Mail］　無差別かつ大量に短時間のうちに送信される広告などの迷惑メールなどを規制している法律。正式名称は「特定電子メールの送信の適正化等に関する法律」である。5

メタデータ［metadata］　データについての構造化されたデータのこと。ネットワーク情報資源を対象とする構造化されたデータを指す。主としてウェブ上に存在する情報資源で用いられるが，図書館が扱う図書や雑誌などの記録情報に関するデータ（書誌情報など）も広くメタデータとして扱われている。「JIS X 0902-1：2005 情報及びドキュメンテーション―記録管理―」では，記録のコンテキスト（背景・状況・環境），内容，構造，およびある期間の記録の管理について説明したデータと定義されている。2

ランサムウェア［ransomware］　パソコンをロックしたり，ファイルを暗号化するなどの悪さをしておきながら，お金を払えば修復してあげる，と身代金を要求するタイプのマルウェアのこと。5

類似文書検索［similar documents retrieval (search)］　論理演算子を使用した検索式の代わりに，文章を入力した検索を行い，類似している可能性が高い文書を検索結果として表示する検索方法。論理演算を使用した検索語の一致による検索システムではなく，語の出現頻度や単語間の類似度計算に基づいて検索が実行される。文書と文書の言葉の重なり具合をもとに，検索条件の文書に近い検索結果としての文書を探し出す検索技術を使用している。連想検索あるいは概念検索といわれる場合がある。1

論理演算［Boolean operation］　検索したい内容の論理的な関係を表現する集合の概念で，情報検索では，論理積（AND 検索），論理和（OR 検索），論理差（NOT 検索）の3種類がある。1

索　引
（用語解説中のページは太字で示した）

[監修]
一般社団法人 情報科学技術協会

[編著者]
原田 智子（はらだ・ともこ）
　　　　学習院大学理学部化学科卒業
　　　　慶應義塾大学大学院文学研究科図書館・情報学専攻修士課程修了
　　　　財団法人 国際医学情報センター業務部文献調査課長，産能短期大学教授，鶴見大学文学部
　　　　教授，鶴見大学寄附講座教授を経て
現在　　鶴見大学名誉教授
　　　　データベース検索技術者認定試験（現 検索技術者検定）1級取得（1986年度）
主著　　『三訂 情報検索演習』（編著）樹村房，『改訂 レファレンスサービス演習』（共著）樹村房，
　　　　『情報アクセスの新たな展開』（分担執筆）勉誠出版，『情報検索の基礎知識：情報検索基礎能
　　　　力試験対応テキスト 新訂2版』（編著）情報科学技術協会，『改訂 情報サービス論』（編著）
　　　　樹村房，『情報検索の知識と技術 基礎編：検索技術者検定3級テキスト』（共著）情報科学技
　　　　術協会，『図書館情報学基礎資料 第3版』（共著）樹村房，『三訂 情報サービス演習』（編著）
　　　　樹村房，『検索スキルをみがく：検索技術者検定3級 公式テキスト』（編著）樹村房，『プロ
　　　　の検索テクニック 第2版：検索技術者検定2級 公式推奨参考書』（編著）樹村房，ほか

[著者]
吉井 隆明（よしい・たかあき）
　　　　慶應義塾大学経済学部卒業
　　　　筑波大学大学院図書館情報メディア研究科博士後期課程単位取得満期退学
　　　　大蔵省印刷局，独立行政法人国立印刷局を経て
現在　　文部科学省科学技術・学術政策研究所客員研究官，公認不正検査士，教育士（工学・技術），
　　　　技術士補（情報工学部門）
主著　　『情報検索の知識と技術 基礎編：検索技術者検定3級テキスト』（編著）情報科学技術協会，
　　　　『CD-ROM版 情報検索の演習 新訂版』（共著）日外アソシエーツ，『情報検索の基礎知識』
　　　　（分担執筆）情報科学技術協会，『検索スキルをみがく：検索技術者検定3級 公式テキスト』
　　　　（共著）樹村房，ほか

森 美由紀（もり・みゆき）
　　　　大阪市立大学大学院創造都市研究科修士課程修了
　　　　日本アスペクトコア株式会社 ライブラリーサービス営業部，豊中市役所 政策企画部（嘱託）
　　　　を経て
現在　　梅花女子大学文化表現学部情報メディア学科准教授
　　　　近畿大学通信教育部非常勤講師，ほか
主著　　『情報検索の知識と技術 基礎編：検索技術者検定3級テキスト』（共著）情報科学技術協会，
　　　　『検索スキルをみがく：検索技術者検定3級 公式テキスト』（共著）樹村房，ほか

検索スキルをみがく 第2版
―検索技術者検定3級 公式テキスト―

2018年10月17日	初版第1刷発行
2019年 6 月27日	初版第2刷
2020年 5 月27日	第2版第1刷発行
2021年11月12日	第2版第2刷

検印廃止

監 修 者　　一般社団法人
　　　　　　情報科学技術協会

編 著 者 ⓒ　原 田 智 子

発 行 者　　大 塚 栄 一

発 行 所　　株式会社 樹村房

〒112-0002
東京都文京区小石川5丁目11番7号
電 話　東京03-3868-7321
FAX　東京03-6801-5202
https://www.jusonbo.co.jp/
振替口座　00190-3-93169

表紙デザイン／菊地博徳（BERTH Office）
組版・印刷／美研プリンティング株式会社
製本／有限会社愛千製本所

ISBN978-4-88367-340-7
乱丁・落丁本はお取り替えいたします。